无肉不欢

这样吃肉才健康

陈培毅 主编

中国轻工业出版社

图书在版编目（CIP）数据

无肉不欢，这样吃肉才健康 / 陈培毅主编. — 北京：
中国轻工业出版社，2017.6

ISBN 978-7-5184-1378-2

Ⅰ. ①无… Ⅱ. ①陈… Ⅲ. ①荤菜—菜谱 Ⅳ. ①TS972.125

中国版本图书馆CIP数据核字（2017）第088716号

责任编辑：高惠京　　责任终审：劳国强　　整体设计：锋尚设计
责任校对：燕　杰　　责任监印：张京华

出版发行：中国轻工业出版社（北京东长安街6号，邮编：100740）
印　　刷：北京瑞禾彩色印刷有限公司
经　　销：各地新华书店
版　　次：2017年6月第1版第1次印刷
开　　本：720×1000　1/16　印张：12
字　　数：200千字
书　　号：ISBN 978-7-5184-1378-2　　定价：42.90元
邮购电话：010-65241695　　　传真：65128352
发行电话：010-85119835　85119793　传真：85113293
网　　址：http://www.chlip.com.cn
Email：club@chlip.com.cn
如发现图书残缺请直接与我社邮购联系调换
161013S1X101ZBW

小时候，能吃上一碗炖肉，就是最开心的日子。从大人们买肉回来，到锅里肉香弥漫，孩子们的小心思就一直围绕在肉上，任你什么样的诱惑都无法引开孩子们的注意力。吃肉，无疑是幸福的一种实实在在的表现。

记得有一回接受采访，记者问："百岁老人都爱吃红烧肉，是因为红烧肉是长寿菜吗？""不不不，"我回答道，"当老人们能够随时吃到自己爱吃的红烧肉，无疑内心也是幸福和满足的。这种幸福和满足，才是长寿的直接因素。"

不知道从什么时候开始，吃肉渐渐变成了一种负担。担心肉吃多了会变胖，担心变胖以后会失去健康。的确，有好多营养师告诉你这也不能吃，那也不能吃，我告诉你，你只管把他从窗户扔出去。是的，我也是一个营养师，但我却是一个会做饭的营养师。要知道，肉永远是好肉，关键在你会不会吃。只会煎炒烹炸，浓油赤酱，既不讲究食物的色香味形器，也不讲究食材搭配的君臣佐使，自然无法兼得美味和营养。

尊重食材，用心烹制，让每一条肉丝都能在舌尖上爆发出绚烂的滋味，这才是真正的爱吃、会吃。在这本书里，我们就聊聊肉食怎么吃？吃多少？什么时候吃？和什么搭配一起吃？吃得开心了，吃得痛快了，生活才会快乐有滋味，人们才会健康又长寿。

说了这么多，如果你想健康地吃肉、愉快地吃肉，那就跟随我翻开这本书吧。

CONTENTS / 目录

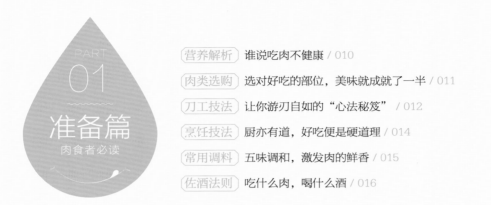

PART
04

鸡鸭篇
不可辜负的舌尖美味

PART
06
解腻小菜篇
给肉寻一个好伴

拍黄瓜
166

青椒擂皮蛋
167

水煮毛豆
168

凉拌海带丝
170

拌双耳
172

土豆沙拉
174

芹菜拌腐竹
176

西芹百合
178

醋熘白菜
180

手撕圆白菜
182

醋熘土豆丝
184

蒜蓉西蓝花
186

素炒荷兰豆
188

清炒山药
190
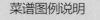

蒜蓉蒸丝瓜
192

菜谱图例说明

🔥 时间
20min

烹饪这道菜总共所需要花费的时间。
时间以入锅算起。min＝分钟。

🏃 热量
131kcal/100g

这道菜每100克可食用部分的热量。
kcal＝千卡，g＝克。

PART
01

准备篇

肉食者必读

谁说吃肉不健康

现代医学发现，许多"富贵病"与过多吃肉有关，比如高血压、高血脂、糖尿病、脂肪肝、动脉硬化、痛风等。长期大量摄入高脂肪、高蛋白、高胆固醇、高热量的食物，会使患肥胖症、心脑血管疾病以及癌症的风险大大增加，因此人们渐渐开始谈肉色变。

近年来，素食之风在我国开始盛行。但是，不是纯吃素食就能维持身体健康的，营养均衡才最重要，而纯素食是不均衡的膳食结构。事实上，纯素食既不能减肥塑形也不健康。尤其是女性，非常需要肉类中的优质蛋白质来增强体质，更需要其中的血红素铁来防治缺铁性贫血。在青少年女性中，那些过分节食以求减肥的女性，贫血的现象很普遍，原因之一就是不吃肉。

对于正在生长发育阶段的青少年和工作紧张的中年人来说，素食不能完全满足其机体的需要。蛋白质、赖氨酸、脂肪、脂溶性维生素、钙、铁等矿物质大都存在于动物性食品中，它们对人体的生长发育和维持正常生理功能有重大影响。人体如果缺乏优质蛋白质，就会容易疲劳，免疫力也会下降，还有可能会引起内分泌紊乱和营养不良。而所有的肉类，特别是牛肉，是非常好的膳食锌的来源，肉类食物中所含的锌既丰富又易于被人体吸收。锌对于人类的生长、复原、免疫系统、繁殖和智力发育都是必不可少的。吃肉是解决缺铁、缺锌的最佳食疗办法。

总之，肉类在人类的饮食中占据重要的地位，适量的肉类对人体健康有益，但也不是吃得越多越好。所以，我们要吃肉，但要保持一个度。最新的《中国居民膳食指南》推荐每人每天平均摄入畜禽鱼蛋类的总量在120~200克（不超过四两），而过食烟熏和腌制肉类可增加肿瘤的发生风险，应当少吃。

肉类选购

选对好吃的部位，美味就成就了一半

　　猪肉于国人而言，是最常吃到也是最喜欢食用的一种肉类，无论用来红烧、清炖，抑或是煎、炒、焖、烤，都是非常美味及方便易买的大众食材。随着人们的生活水平越来越高，吃法也是愈加精细，人们也更加注重猪肉的每个部位如何吃才最营养美味。相同部位的猪肉，也有多种烹饪方法，可以根据自己喜欢的口味，来选择合适的烹饪方法。

　　按着烹调的需要，以下几种为厨房中较常用的猪肉部位：

猪头

宜于酱、烧、煮、腌，多用来制作冷盘，其中猪耳、猪舌是下酒的好菜。

前腿部分

1 上脑肉：又叫前排肉。是背部靠近脖子的一块肉，瘦内夹肥，肉质较嫩，适于做米粉肉、炖肉用。

2 夹心肉：位于前腿上部，质老有筋，吸收水分能力较强，适于制馅、制肉丸子。在这一部位有一排肋骨，叫小排骨，适宜做糖醋排骨，或煮汤。

3 前蹄膀：除皮、骨、韧带外，无肌肉，胶质丰富，特别以骨周围韧带最富胶质。前蹄膀比后蹄膀骨小、皮多，适用于烧、煨、卤、煮汤等。

方肉部分

1 里脊肉：是脊骨下面一条与大排骨相连的瘦肉。肉中无筋，是猪肉中最嫩的肉，可切片、丝、丁，做炸、熘、炒、爆之用均佳。

2 梅花肉：肩里脊肉靠胸部的部位，肉质纹路沿躯体走向延展，因此筋肉之间附着有细细的脂肪，常用来做叉烧肉或是煎烤，都风味十足。

3 五花肉：位于猪的腹部，猪肋排上，其脂肪组织多，又夹着肌肉组织，肥瘦间隔，故称"五花肉"，适于红烧、白炖和粉蒸肉等用。

4 奶脯肉：在软五花下面，即猪肋骨下面的腹部，几乎全部成泡状肥肉，可去皮炼油。

后腿部分

1 臀尖肉：位于臀部的上面，都是瘦肉，肉质鲜嫩，一般可代替里脊肉，多用于炸、熘、炒。

2 坐臀肉：位于后腿上方，臀尖肉的下方臀部，全为瘦肉，但肉质较老，纤维较长，一般可用于炒、酱、烧等烹调方法。

刀工技法

让你游刃自如的"心法秘笈"

　　学做饭的你有没有发现，虽然从原料到烹饪方法都跟菜谱一样，但即使照着书上的步骤一步一步来，最后出来的成品香味虽然有了，菜色却往往不尽人意。有时

不仅样子不好看，口感也不好，甚至可能会松散破碎或坚韧得咬不动。如果这样就得从切肉的技法上寻找原因了。不同的肉质有不同的切法，掌握了切肉的窍门，会让你的烹饪技术更加出色。

　　根据老一辈人总结出来的经验，"横切牛羊，竖切猪，斜切鸡"，这对于厨房新手来说就是最好的切肉窍门。从冷冻室把肉拿出来解冻，未到完全融化、肉还有些硬度的时候，是最好切、最容易成形的。切肉时，若遇到肉质较坚硬的部分，不妨先用刀背拍几下，或切开筋腱部分再继续切。

巧切肥肉 —— 先将肥肉蘸凉水，然后放在案板上，一边切一边洒点凉水，这样切肥肉省力，不易粘案板，肉也不会滑动。

巧切猪肉 —— 猪肉要顺着肉的纹理切。也就是说，刀和肉的纹理呈水平方向，切出来的肉片纹路呈"川"字状。因为猪肉的肉质比较松软，如果垂直于猪肉的纹理切，炒出来的肉会散碎不易成形。

巧切羊肉 —— 羊肉中有很多筋膜，切之前先将筋膜剔除，否则煮熟后肉烂膜硬，吃起来难以下咽。

巧切牛肉片 —— 切牛肉片要横切，即刀和肉的纹理呈90°垂直，切出来的肉片，纹路呈"井"字状。因为牛肉筋较多，并且顺着肉纤维的纹路夹杂其间，竖切会使筋腱整条地保留在肉丝内，煮出来的牛肉会很难嚼。

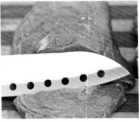

巧切鸡肉 —— 鸡肉最细最嫩，肉中含筋量少，刀与肉之间有个倾斜的角度就可以了，这样炒时才能使肉不破碎，整齐美观，入口有味。

巧切鲜肝 —— 可采用推刀法，切时刀由后向前推，着力点在刀的后端。鲜肝切片后，应迅速用调料、面粉拌匀浆好，否则肝汁会流出，不仅会造成营养流失，而且炒熟后还会有许多颗粒凝结在肝片上，影响外观和口感。

巧切熟肉 —— 熟肉的肥瘦部分各自的软硬程度不同，肥肉较软，瘦肉较硬，如切肉方法不得当，就不容易切出完整的块或片。如用直切法切硬的瘦肉，就能切得整齐，用锯切法切软的肥肉，就会切得光滑。切熟肉必须掌握方法，先用锯切法下刀，切开表面软的肥肉，在切瘦肉时使用直切法，用力均匀直切下去。这样切出来的熟肉将会不碎不烂，整齐好看。

厨亦有道，好吃便是硬道理

　　肉菜做得好不好吃，除了跟食材的选择关系重大之外，烹饪的技巧也很重要。首先，炖肉切忌先放盐。炖肉如果先放盐，会直接影响到肉、肉汤的口味及营养素的保存。这是因为肉的含水量较高，而盐具有脱水作用，炖肉时先放盐会使肉组织中的细胞水分向外渗透，肉组织明显收缩变紧，影响汤汁的浓度和质量。炖熟后的肉变硬、变老，汤则会没有香味。

　　其次，肉的不同种类、不同部位，极大地影响了烹饪的方式。只有掌握了最适合每种肉类的烹饪方法，才能做出口感最佳的菜肴。

家禽类 —— 鸡的种类按其饲养方式大致可以分为土鸡、肉鸡、半土鸡。土鸡由于在外活动的时间较长，肉质结实且富有弹性，所以，土鸡比较适宜长时间的炖煮，不适宜炒或炸等时间较短的烹制方式。肉鸡的饲养时间较短，肉质松软，所以炒、炸等快速烹制的方式都很适合选用肉鸡。半土鸡的肉质介于土鸡和肉鸡之间，所需要的烹饪时间也是介于二者之间，适合煎、煮、炒、炸。不过，烹饪半土鸡时，应注意火候，时间久了会太老，太短则会没有熟透。以上也可以作为烹饪其他家禽类的参考。

家畜类 —— 猪肉：烹煮猪肉务必完全煮熟，因为有些猪肉中可能会有寄生虫。猪肉的烹饪方式可分成干热法与湿热法。干热法有煎、炒、炸、烤，由于烹制时间较短，肉质较嫩且筋腱较少的部位可以采用干热法，如里脊肉、小排、腰内肉等。湿热法则包括炖、红烧、卤、蒸、煮，烹制时间较长，所以适合筋腱较多或肉质比较坚硬的部分，例如蹄膀、猪脚、猪腿肉、猪肚等。

牛肉：不同部位的牛肉要选择适当的烹饪方式，才能烹调出可口美味的牛肉。肉质较嫩的部位如上腰脊肉、小牛排等，适合煎、炒、烤等短时间的烹制。

肉质较坚韧的部位如牛腱、牛腩等，适合炖、蒸、煮等长时间的烹饪。过高的温度或大火会把牛肉的外表煮得太熟，而中间还没有熟，故较嫩的切肉应用中火烹煮，肉质较韧的牛肉则适合小火。

羊肉：羊肉的膻味使很多人望而却步，其味道主要来自羊肉中的挥发性脂肪酸，若在烹调前设法将其除去或减轻，羊肉吃起来就更加美味。如果是爆羊肉片，可以在羊肉炒至半熟时加米醋和葱、姜、料酒、茴香子等调料，起锅后加蒜末，膻味会大减。也可以先用姜、蒜炝锅，羊肉煸炒至半熟后再放葱、料酒，起锅后浇上少量香油，味道也很鲜美。如果是煮羊肉，可以在炖羊肉时加白萝卜、料酒、香辛料、山楂或米醋等来祛除膻味，效果甚佳。

常用调料

五味调和，激发肉的鲜香

葱、姜、蒜、椒，人称调味的"四君子"，不仅能够调味增香，还能杀菌消毒，对人体健康大有益处。但在烹饪中如何放才能更有效地激发肉的香味，确是一门学问。

肉食多放椒 —— 烧肉时可放一些花椒，牛肉、羊肉更应如此。花椒能温胃散寒，还能解毒。对于膻味较重的羊肉，花椒还能祛除膻味，提鲜增香。

禽肉多放蒜 —— 大蒜能够提味，烹煮鸡、鸭、鹅肉的时候可以放一些大蒜，这样使肉更香、更好吃，也不会因为消化不良而泻肚子。此外，吃肉又吃蒜，能促进血液循环，提高肉中的维生素B_1在胃肠道的吸收率和体内的利用率，对尽快消除身体疲劳、增强体质、预防大肠癌等都有十分重要的意义。

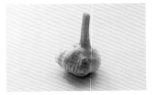

鱼类多放姜 —— 鱼腥气大，性寒，食用不当容易产生呕吐等症状。生姜既可以缓和鱼的寒性，又可祛除腥味，还可以止呕。

贝类多放葱 —— 大葱不仅能缓解贝类的寒性，还能抗过敏。不少人食用贝类后会出现轻微的过敏性咳嗽、腹痛等症，烹调时多放一些大葱，可避免轻微的过敏反应。

吃什么肉，喝什么酒

佐酒法则

葡萄酒与菜肴搭配往往会遵循"红酒配红肉，白酒配白肉"的原则。选择牛肉、羊肉作为主菜，就要搭配口味浓郁圆润的红葡萄酒，尤其是红酒烧牛肉、红酒烩牛尾以及蜜汁牛扒，更是与红酒配合得天衣无缝。红酒的馥郁酒香正好与牛肉的香浓肉味产生理想的效果，令汁液更为浓郁，肉香四溢。

另外，红酒最好不要和鱼、蛋、蚝类等食物搭配饮用，但可用于腌制和烹制野味类，能帮助这些食物去除腥味，增加荤菜的香味。而鱼肉和海鲜通常搭配口味清淡爽口的白葡萄酒，能掩盖海鲜的腥味，带出其鲜美的原味。若用在烹调时，最好选用干烈型白葡萄酒，这类白酒含有较高的酸度，制成的菜式格外清香，但如果不经过烹制的工序，只是单纯饮用，选择清香型的白葡萄酒搭配海鲜就足矣。

红酒中含有较多的酚类物质，入口有收敛感，苦涩感，可与蛋白质发生絮凝，帮助分解脂肪，能较好中和红肉中的脂肪，减轻油腻感。同时，其中所含某些微量醇类与酯类，如白藜芦醇等，能够有效软化血管，防止动脉硬化，预防摄食高脂高胆固醇所引发的心脑血管疾病。

白酒中酸的成分较高，口感微酸，有浓郁果香，可去除海鲜类食品所带来的腥气。同时中和白肉食品的弱碱性，软化纤维组织，促进消化。此外，海鲜看上去清淡，用白葡萄酒配，颜色也比较好看；而肉类颜色比较深，因此也习惯用深色的葡萄酒，即红葡萄酒配。香槟酒、起泡酒和桃红葡萄酒可以配任何菜肴，而一餐的始终都可以饮用香槟。

PART

02

猪肉篇

肥美解馋的当家肉食

时间 80min　热量 391kcal/100g

毛氏红烧肉

威名赫赫的中华名肴

饮食宜忌

⊗ 猪五花肉的脂肪含量较高，肥胖人群和三高人群不宜过多食用，也可以在其他配菜中增加红薯、山药等富含膳食纤维的食材，以减少人体对脂肪的吸收。

1913年，毛主席进入湖南第一师范学习。当时每个周六打"牙祭"吃红烧肉，用湘潭酱油加白糖、料酒、八角慢火煨成，肉用带皮的"五花三层"，滋味十足。大约从这时起，毛主席就爱上了红烧肉这个菜。

进了北京之后，为了毛主席的健康，吃的菜都不让放酱油。中南海前"御厨"程汝明琢磨出了解决办法，用糖色加盐，代替酱油给肉着色调味，这样烹制的红烧肉咸鲜不失、甜味兼得，毛主席很是喜欢。一起学习这道菜，我们也能尝尝毛主席私房菜的味道。

材料

带皮猪五花肉500克

调料

料酒60克

白糖、盐各5克

八角、桂皮、干椒、胡椒、大蒜、辣椒、生姜各1小把

做法

1. 锅置火上，放油烧至七成热，放入八角、桂皮、干椒、胡椒、大蒜、辣椒炒香，制成香油，装碗备用。

2. 五花肉洗净，入冷水锅中焯烫，加生姜和料酒略煮，撇去浮沫后捞出，改刀成块状备用。

3. 另起锅，放入适量自制香油和白糖，熬制成淡红色的糖浆后，放入碗内待用。

4. 熬糖的锅直接放入五花肉，再倒入自制的糖浆，搅拌均匀后，中火熬制2分钟。

5. 放适量开水，小火慢炖1小时，至汤汁黏稠变红后，放入盐调味即可。

烹饪小窍门

* 五花肉烹制过程中，第一次加糖浆煮时要肉皮朝上，可防止肉皮粘锅；第二次加水煮要肉皮朝下，这样可使肉皮最先入味，也能做出更好的口感。

* 煨肉的火候不要太大，以小火慢炖能熟透入味即可。

* 桂皮香味浓厚，容易掩盖其他食材的香味，不要放太多。

营养师叮咛

* 猪五花肉又称"三层肉"，位于猪的腹部，挑选时以靠近前腿的腹前部分层比例最为完美，脂肪与瘦肉交织，呈现粉红色。

* 猪肉含有丰富的优质蛋白质和必需脂肪酸，并提供血红素铁（有机铁）和促进铁吸收的半胱氨酸，能改善缺铁性贫血。

时间　120min　　热量　550kcal/100g

东坡肉

文人墨客的席上珍馐

饮食宜忌

✓ 猪肉属于红肉之一，富含铁质，缺铁性贫血患者适宜食用。

✗ 猪肉中胆固醇含量偏高，故肥胖人群及血脂较高者不宜多吃。

这道菜相传为北宋诗人苏东坡所创制。苏东坡任徐州知州时，有一次黄河决口，他和全城百姓一同筑堤保城。洪水退后，徐州人民杀猪宰羊作为报答，苏东坡推辞不掉，便让家人做成红烧肉回赠百姓。百姓食后，都觉得肥而不腻、酥香味美，于是开始竞相仿制，并美其名为"东坡肉"。

苏东坡的烹肉之法在其《炖肉歌》中可见奥妙："慢着火、少着水，柴火罨焰烟不起，待它自熟莫催它，火候足时它自美。"可见做东坡肉的关键在于小火、少水和长时间的炖煮。

材料

带皮五花猪肉500克

调料

香葱50克	生姜4片
白糖10克	酱油20克
花雕酒20克	

烹饪小窍门

* 砂锅底加竹箅子是为了避免肉块接触到锅底会烧焦。

* 这里采用了水炒糖色的方法，让糖色放凉后，再加入凉水重新加热，可以避免糖色转褐后马上加入热水而溅出锅来，对新手来说比较安全。

* 花雕酒与绍兴酒相比，具有金黄的色泽，更加香甜可口。分两次放是为了在煮制过程中，让酒的味道慢慢散去，可让肉中带有淡淡的酒香，但不能太多，以免酒味过浓。

做法

1 猪肉切成4厘米见方的方块，用粗棉绳绑成十字结，扎口朝下。

2 平底锅内放半碗油，将肉皮朝上，中小火慢慢煎出油脂，取出备用。

3 取一大砂锅，锅底铺上一张竹箅，再垫上香葱及生姜，将煎好的肉块平铺在锅里。

4 炒锅内放入适量白糖及清水，小火烧至白糖溶化、锅内冒烟，白糖转为深褐色，关火，放凉后再加入少量清水，重新加热将糖色煮成褐色糖浆水。

5 将酱油、糖浆水、花雕酒倒入砂锅内，注入适量清水，水量至猪肉的2/3位置，加盖大火烧开，转小火焖约30分钟，将猪肉翻转，猪皮朝下继续焖制。约15分钟后再翻转过来，直至水分焖至只剩锅底位置。

6 将猪肉摆放在大碗内，倒入剩下的汤汁，再均匀撒上少量花雕酒，连大碗一起放入蒸锅，加盖大火蒸1小时即可。

营养师叮咛

* 猪肉具有补肾养血、滋阴润燥、补虚强身、丰肌泽肤的功效。

* 花雕酒属于黄酒的一种，单纯用糯米酿制。用酒来炖肉能去掉食材中的三甲胺、氨基醛等腥臭味的物质，同时和肉中的脂肪起酯化反应，生成芳香物质，使菜更香。

时间 90min　　热量 372kcal/100g

米粉蒸肉

粉糯酥香难自弃

材料

猪五花肉500克
糯米粉400克

调料

五香粉5克	酱油15克
料酒20克	盐5克

做法

1　猪五花肉洗净，切成约0.7厘米厚的均匀肉片，放入碗中备用。

2　加入适量的五香粉、酱油、料酒、盐，同五花肉一起搅拌均匀，腌制3小时。

3　将糯米粉倒入碗中，充分搅拌，使每一块五花肉上都均匀地裹上糯米粉。

4　将肉片整齐地码放在碗里，放入蒸锅中火蒸90分钟即可。

烹饪小窍门

* 糯米粉不宜太碎，还带着小颗粒的粉蒸出来的口感最好，吸油的效果也比细粉更佳。

* 喜欢五香味的可以多放一些五香粉，能解五花肉的肥腻。

* 锅里一次性要放入足够的水，防止干锅。

营养师叮咛

* 这是一道主食入菜的菜肴。平时我们在外吃饭，基本上很少吃主食了，所以可以吃一些这样带主食的菜肴以补充碳水化合物。但是糯米不太容易消化，脾胃不和的人要少吃一些。

时间 80min

热量 472kcal/100g

梅菜扣肉

肥而不腻香满席

—— 美食札记 ——

梅菜扣肉也称为咸烧白，属客家菜，以广东梅州最具代表性。主食材梅菜，是广东梅州的传统特产，其色泽金黄，香气扑鼻，清甜爽口，不寒不燥不湿不热，被称为"正气"菜，与盐焗鸡、酿豆腐同时被称为"梅州三件宝"。

梅菜吸油，可解五花肉的油腻，猪肉又会带上梅菜的清香，二者搭配可以说是恰到好处。这道菜肉烂味香，吃起来咸中略带甜味，肥而不腻。

材料

猪五花肉500克
梅菜干50克

调料

桂皮5克　　　　八角2个
盐、白糖各5克
料酒、老抽、蚝油各15克

做法

1　先将梅菜干浸泡一夜，用清水反复清洗几次，去掉泥沙。

2　猪五花肉清洗干净，切成0.5厘米厚的肉片备用。

3　锅置火上，加适量清水，放入五花肉，再倒入桂皮、八角和料酒，大火烧开后，煮至肉色发白、无血色后将其捞出。

4　锅置火上，放油烧至七成热，放入五花肉和适量的蚝油、老抽，快炒使其均匀上色后，小火慢煎至颜色金黄后盛出。

5　用锅内的余油，放入泡好的梅菜，加入少许老抽、盐、白糖调味，倒入少量清水，小火焖煮15分钟。

6　五花肉摆盘，铺上煮好的梅菜，上锅中火蒸40分钟即可。

烹饪小窍门

＊煎炒五花肉时，记得沥干多余的水分，以免热油溅出。

＊如果喜欢口感软烂的五花肉，可用小火蒸2小时。

营养师叮咛

＊长时间蒸制的菜肴，食材里面的蛋白质、脂肪、糖类都会不同程度地分解，更有利于营养的吸收。

＊梅干菜的腌制过程比较长，春菜要腌制20天，冬菜要腌制30天，这样亚硝酸盐的含量就能降至安全范围，可以放心食用。

时间 80min　热量 363kcal/100g

水晶扣肉

甜润晶莹色，闻香欲还俗

饮食宜忌

⊗ 这道菜糖分较高，想控制体重的人不宜多吃，或者吃后要额外加强运动。

♡ 酥糖作为茶点，宜搭配香醇浓郁的普洱茶或者红茶，消脂解腻，余香十足。

"水晶扣肉"是将猪肉片与水晶般的糖冬瓜扣在一起，不仅菜品颜值极高，口感更佳。肉片含有糖冬瓜的甜味，糖冬瓜则有猪肉的鲜香，是一道很有新意的菜式。

芡汁以糖浆勾成，铺挂在金红色的肉面上，状若凌霜，入口则化。甜味让人心情快乐，咸口的肉菜吃得多了，偶尔换换口味，做一次水晶扣肉，感觉味蕾都被激活了。糖冬瓜的含糖量很高，所以，这道菜推荐给需要摄入高能量的人群哦。

材料

带皮猪五花肉600克

糖冬瓜250克

酥糖碎50克

调料

葱花5克	白糖5克
老抽15克	水淀粉20克

烹饪小窍门

* 宜选带皮五花肉，肥多瘦少，蒸至酥烂，甜润可口，肥而不腻。
* 猪肉煮熟捞出，用老抽涂抹肉皮着色，趁热油炸，至肉皮酥泡，颜色金黄时再捞出。

做法

1 锅置火上，加适量清水，大火烧开，将整块猪五花肉放入沸水中煮40分钟，至八成熟后，捞起放入碗中，用老抽均匀上色。

2 锅置火上，放油烧至五成热，放入猪五花肉，炸至红色后，捞出沥干油分。

3 待猪肉冷却后，切成长约7厘米、宽约3厘米的"双飞"片（即第一刀不切断，第二刀切断）；糖冬瓜切成长约7厘米、宽约2厘米的长条。

4 将糖冬瓜逐块插入肉片内，皮朝下排在碗里，撒上葱花，放入蒸锅中火蒸10分钟后取出，滗出原汁。

5 锅置火上，加少量清水和适量白糖煮至微沸，再倒入原汁和水淀粉勾芡后，淋在水晶肉上，撒上酥糖碎即可。

营养师叮咛

* 糖冬瓜清甜可口，爽脆润喉，具有清热生津止渴的功效，可以作为夏日酷暑时的小点心。

咕噜肉

酸甜酥嫩的夏日开胃菜

饮食宜忌

宜选用新鲜的波萝来做这道菜。新鲜波萝中含有一种叫"波萝朊酶"的物质，它能分解蛋白质，帮助消化。肉类食材若用波萝汁腌制，不仅肉有果香，肉质也更加鲜嫩美味。

咕噜肉是一道汉族传统名菜，属于粤菜，也是欧美人士颇为熟悉的中国菜。据说咕噜肉始于清代。当时在广州的许多外国人都喜欢吃糖醋排骨，但不习惯吐骨头。厨师便用剔骨的精肉加淀粉拌成肉丸，入油锅炸至酥脆，裹上糖醋卤汁，其味酸甜可口，很受欢迎。

市面上常用罐头菠萝做咕噜肉，但没有新鲜菠萝做的好吃。以前吃过用肥肉做的咕噜肉，虽然味道很美，却不符合少油的饮食标准，也容易腻，所以自己做可选较瘦的里脊肉或五花肉来做。

材料

猪里脊肉200克

菠萝150克　　　鸡蛋1个

调料

青椒、红椒各1个

盐、白糖各5克

生抽、白醋、料酒、番茄酱、淀粉、水淀粉各15克

做法

1 猪里脊肉洗净，菠萝去皮，两者切成大小相近的小方块备用；青椒和红椒洗净去子，切成菱形小片备用。

2 里脊肉放入碗中，加适量盐、生抽和料酒搅拌均匀，腌制30分钟左右。

3 鸡蛋打散后，将腌好的里脊肉在蛋液中充分浸润，再放入淀粉中翻滚几下，使里脊肉上裹满淀粉。

4 锅置火上，放油烧至八成热，将肉逐块放入锅中，中火炸两三分钟定型后，转小火炸至八成熟，捞出沥干晾凉。

5 重新烧热油锅，倒入里脊肉，大火复炸1分钟后捞起。

6 将适量番茄酱、白醋、生抽、盐、白糖倒进锅里，中火烧开，倒入水淀粉拌匀，熬至微稠后，倒入菠萝、青红椒迅速翻炒至熟，出锅前倒入炸好的里脊肉，使其均匀挂上酸甜汁即可。

烹饪小窍门

* 第一次炸肉，刚入锅时用中火，定型后再转小火，这样做出来的肉口感酥嫩且不会太焦。

* 待肉放凉了以后，重新烧热油锅，大火复炸一下，可让里脊肉更香脆。

* 酸甜汁煮好先关火再倒入肉，快速兜匀，让每块肉都裹上酸甜汁再装碟。

营养师叮咛

* 厨房少油三大招：挂糊、复炸、吸油纸。油炸食品能量很高，里脊肉挂糊炸，能减少油脂进入猪肉纤维。将食材第二遍大火复炸的时候，能将第一次浸炸的油脂逼迫出来，炸完之后，放在吸油纸上面，再吸掉一部分油脂。

时间 30min　**热量** 309kcal/100g

蒜泥白肉

色如白玉片片香

饮食
宜忌

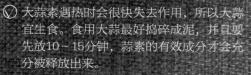

✓ 大蒜素遇热时会很快失去作用，所以大蒜宜生食。食用大蒜最好捣碎成泥，并且要先放10～15分钟，蒜素的有效成分才会充分被释放出来。

蒜泥白肉属于川菜菜系。此菜要求选料精，刀工好，作料香，火候适宜，热片冷吃。在四川，做白肉的师傅光刀工，就要练几年，切出来的肉片薄如蝉翼，入嘴鲜香可口，简直是一流的享受。食用时酱油、辣椒油和大蒜组合的香味直扑鼻端，使人食欲大振。大蒜香味浓厚，肉肥而不腻。

在家里自己做蒜泥白肉，材料的选择是第一位的。尽量选农家猪肉，味道甘香可口，部位则选后腿肉或五花肉，因为肉太瘦了不香，太肥了易腻，所以材料的选择很关键。

材料

猪后腿肉500克

大蒜50克

调料

辣椒油、葱段、生姜各15克

葱花10克　　　　盐5克

酱油、香油、料酒各15克

做法

1 猪腿肉刮洗干净；大蒜在碗中捣成泥状，加辣椒油、葱花、盐、酱油、香油，搅拌均匀后备用。

2 锅置火上，加适量清水，放入猪肉、葱段、生姜和料酒，中火慢煮，至猪肉熟透能用筷子扎穿后，捞出沥干。

3 将刚煮好的猪腿肉切成薄片，切好的肉片整齐地码放在盘子上。

4 调好的蒜泥汁均匀地淋在肉片上，待肉片晾凉即可食用。

烹饪小窍门

＊肉切得越薄，口感越好。

＊这道菜猪肉的选择最关键，饲养天数足够的土猪，肉味才更香，肉质也更筋道。

营养师叮咛

＊大蒜含挥发油约0.2%，其中主要成分为大蒜辣素，具有抗菌消炎的作用，可保护肝脏，调节血糖，保护心血管，抗高血脂和动脉硬化，抗血小板凝集。

时间 45min　热量 207kcal/100g

酸菜白肉

寒冷季节里的暖心暖胃菜

— 美食札记 —

在东北寒冷的冬日，皑皑白雪覆盖了一切，人们需要备足越冬蔬菜。入冬前，家家都要腌一大缸酸菜，酸菜就成了冬季东北百姓餐桌上的主角。酸菜味道咸酸，口感脆嫩，色泽鲜亮，香味扑鼻。

酸菜白肉做法简单，汤汁浓郁，酸菜吸足了肉的浓香，肉中又夹带着酸菜的鲜味。肉入口即化，肥而不腻，吃的时候还可以附上一碟蒜泥酱油蘸肉片吃，着实美味。

材料

酸菜300克

猪五花肉300克

粉丝50克

调料

八角2个　　　　辣椒1个

葱段、生姜各10克

盐、胡椒粉各5克

做法

1 猪五花肉洗净，酸菜洗净切丝，粉丝泡发好备用。

2 锅置火上，加适量清水，放入整块五花肉，再倒入八角、辣椒和部分葱段、生姜，大火烧开后转小火煮30分钟，捞出五花肉，保留原汤，煮熟的五花肉晾凉切片。

3 锅置火上，放油烧至七成热，将剩下的葱段和生姜放入炒香后，下酸菜丝炒匀，再倒入煮肉的原汤烧开。

4 汤中加入粉丝、肉片，煮至粉丝透明，出锅前加适量盐、胡椒粉调味即可。

烹饪小窍门

* 酸菜加热时间不宜太长，否则酸菜就不脆了。如不够酸可以加入适量的白醋，但要在出锅后再放，过早加会使醋味挥发。

营养师叮咛

* 酸菜开胃提神，醒酒去腻，不但能增进食欲、帮助消化，还能促进人体对铁元素的吸收。酸菜的酸味是乳酸杆菌分解白菜中糖类产生乳酸的结果。乳酸是一种有机酸，所以被人体吸收后能增进食欲，促进消化。

时间 20min

热量 511kcal/100g

回锅肉

镬气十足的米饭杀手

材料

猪五花肉400克

青蒜250克

调料

花椒5克　　　　　生姜15克

郫县豆瓣酱10克

白糖5克

酱油、料酒各15克

干红辣椒1个　　　洋葱半个

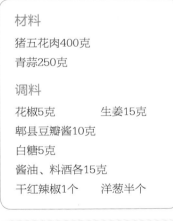

烹饪小窍门

* 肉片要煸透，至微微卷起，俗称"灯盏窝"，这样才肥而不腻。

* 因为酱油和豆瓣酱都较咸，所以不要再放盐了。

做法

1　猪五花肉洗净，青蒜洗净切成斜段待用，洋葱切成小段，干红辣椒切碎。

2　五花肉同适量花椒、生姜一起放入冷水锅中，加适量料酒，中火煮至八成熟后，将五花肉捞出，切成薄片。

3　锅置火上，放油烧至八成热，放适量花椒、干红辣椒炒香，下入洋葱、肉片煸炒，至二者颜色变透明，肉片边缘略微卷起，加入适量郫县豆瓣酱、酱油炒匀。

4　放入青蒜和少许料酒、白糖调味，待青蒜炒熟后即可出锅。

营养师叮咛

* 青蒜中的辣素具有醒脾气、消积食的作用，还有良好的杀菌、抑菌作用。但是辣素遇热易分解，必须在起锅之前再撒入，略为翻炒就出锅。

* 回锅肉焦香十足，但是过度高温烹制，会导致肉类中致癌物质的增加，所以一定要搭配青蒜来炒。青蒜里的植物化学物质能阻断致癌物质的形成，对预防癌症有一定作用。

 时间 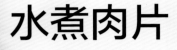 热量

30min　131kcal/100g

水煮肉片

麻辣鲜香最解馋

饮食宜忌

这道菜宜选择猪里脊肉。一是里脊肉的脂肪含量略低，食用起来更健康，二是这道菜要求肉片细嫩，所以里脊肉是最好的选择。

据传水煮肉片起源于20世纪30年代的四川南部自贡，由名厨范吉安创新而出，属于川菜中著名的家常菜。这道风味独特的菜式因肉片未经划油，用水煮熟，故名水煮肉片。

红亮的汤汁光看着就很有食欲，吃起来更是让人胃口大增。肉味香辣、软嫩、易嚼，吃时肉嫩菜鲜、汤红油亮、麻辣味浓，最宜下饭，为四川人的家常美食之一，其特色是"麻、辣、鲜、香"。吃肉片时伴着从红色汤汁中捞出的一根根绿油油的青菜，吃起来别提多美了。

材料

猪里脊肉400克

大白菜300克

黄瓜、豆芽各200克

鸡蛋2个

调料

干辣椒两三个

豆瓣酱、花椒、葱末、

蒜末各10克

盐、姜末各5克

淀粉、料酒各15克

做法

1. 将猪里脊肉洗净切片，放适量淀粉、料酒、盐，再倒入鸡蛋清一起搅拌均匀，静置15分钟入味。

2. 大白菜、黄瓜、豆芽洗净，白菜叶手撕成大块，黄瓜切段；花椒、辣椒拍碎。

3. 锅置火上，放油烧至七成热，倒入部分花椒、干辣椒小火慢炸，待辣椒呈金黄色时将二者捞出，花椒油倒出备用。

4. 锅置火上，倒入部分花椒油烧至八成热，下豆瓣酱、姜末炒香后，放入白菜叶、黄瓜、豆芽炒熟，盛出均匀地铺在碗底。

5. 锅中加适量清水，用大火烧开，放入肉片烫煮至完全变色后，将肉片捞出铺在蔬菜上，倒入少量汤汁，撒上花椒、辣椒、葱末和蒜末。

6. 剩余的花椒油烧开，将热油淋在肉片上即可。

烹饪小窍门

* 用淀粉和蛋清腌制，能锁住肉的甜味和水分，保持鲜嫩口感。
* 最后淋上去的热油一定要高温，油温足够则香而不辣，温度不够则光辣却不香。

营养师叮咛

* 猪里脊肉含有丰富的优质蛋白质，一般人群都可食用。
* 大白菜水分高、口感好，有"菜中之王"的称号，富含维生素C、钙、磷、铁及胡萝卜素等，能和中下气、消食利便，是大肠的清道夫，扫除肠道内堆积的废物，排毒养颜。

时间 15min 　热量 169kcal/100g

京酱肉丝

酱香浓郁的京味儿看家菜

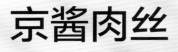

饮食宜忌

⊗ 患有胃肠道溃疡病的人不宜多食大葱。

⊗ 过多食用葱还会损伤视力，因此眼睛不好的人也不宜过多食用大葱。

经常下馆子的人对这道菜应该不会陌生。喜欢肉菜的人，一定会点它，因为这道菜是炒菜里面肉最多的菜，吃起来那叫一个香呀！

京酱肉丝是一道色香味俱全的传统名菜，属于北京菜。选用猪里脊肉为主料，辅以黄酱或甜面酱及其他调味品，再用北方特有烹调技法——"六爆"之一的"酱爆"，烹制而成。食用时辅以葱丝或腐皮，口味咸甜适中、酱香浓郁、风味独特，是地道北京人都会做的家常菜。

材料

猪里脊肉300克

大葱2根

调料

白糖5克

甜面酱、蚝油、料酒、

水淀粉各10克

做法

1 猪里脊洗净后切成约0.5厘米粗的肉丝，用料酒和水淀粉抓匀，腌制10分钟；大葱洗净，将葱白切丝，一部分摆盘备用。

2 锅置火上，放油烧至五成热，下肉丝炒至变色，盛出待用。

3 锅留底油烧至七成热，下剩余葱丝爆香，放入甜面酱炒匀，加入少许清水、蚝油、料酒、白糖，不停翻炒，待炒出香味后，倒入肉丝炒匀。

4 肉丝出锅，盛放在葱丝上，食用前拌匀即成。

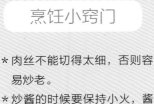

烹饪小窍门

* 肉丝不能切得太细，否则容易炒老。

* 炒酱的时候要保持小火，酱的淀粉很多，火大容易炒糊。

* 由于甜面酱甜中带咸，因此调制酱汁时，不应再加盐。

营养师
叮咛

* 大葱作为这道菜不可缺少的材料，其主要功能是去除荤、腥、膻等异味，并产生特殊的香味。其实大葱的功效不止于此，它能发汗解表、温通阳气，降低胆固醇、预防呼吸道和肠道传染病，有较强的杀菌作用。

* 甜面酱以面粉为主要原料，经制曲和发酵而成，富含氨基酸、麦芽糖、葡萄糖等营养物质，具有开胃助食的功效。

时间
15min

热量
154kcal/100g

鱼香肉丝

佐酒下饭，口有鱼香

饮食
宜忌

竹笋中的草酸含量较高，所以鲜笋在制作之前宜用水煮半小时再食用。经过水煮的鲜笋，去掉了大部分的草酸，也去掉了草酸的涩味，口感更美味。

鱼香肉丝是一道川菜，多年前第一次吃这道菜的时候，我还很纳闷，明明没有鱼，为什么叫"鱼香"？后来才知道，鱼香，是四川菜肴主要传统味型之一。成菜具有鱼香味，但这个味道是由调味品调制而成并非出于鱼肉。鱼香肉丝虽然只是简单的几样组合，但是有荤有素，在不见鱼肉的情况下还能吃出鱼的味道，而且色香味俱佳，非常下饭，是一道值得伴随我们一生的家常菜。

材料

猪里脊250克
胡萝卜、冬笋各50克
水发木耳4朵

调料

剁椒10克
盐、白糖、蒜末、姜末、葱花
各5克
醋、老抽、淀粉、料酒各10克

做法

1 猪里脊洗净切丝，放入少许盐、料酒和淀粉腌制10分钟；木耳、胡萝卜、冬笋洗净切丝；剁椒切末。

2 用适量盐、白糖、醋、老抽、淀粉调成调味汁。

3 锅置火上，放油烧至八成热，下肉丝迅速散至肉色变白，将肉丝拨到锅的一角，再放入剁椒、蒜末、姜末，炒至油色发红后，与肉丝一同翻炒均匀。

4 倒入木耳丝、胡萝卜丝、冬笋丝，大火煸炒片刻。

5 均匀地倒入勾对好的调味汁，翻炒片刻，待汤汁黏稠时撒上葱花即可出锅。

烹饪小窍门

＊里脊肉是首选，吃起来较为鲜嫩。泡椒下锅前细细剁碎，这样才能炒出鲜亮的红油。

＊鱼香肉丝要猛火快炒，火候足够大，炒出的菜自然香气十足。

＊鱼香肉丝讲究"见油不见汤"，鱼香汁的调料比例要拿捏好。蒜末、姜末要剁碎，同剁椒一起下锅炒到香酥，散发着辛香味，同时让人吃到嘴里后又不觉辛辣。

营养师叮咛

＊冬笋和春笋比较而言，冬笋更加鲜甜美味，这是因为冬笋中的氨基酸含量更高一些。我们剖开竹笋，会发现一些白色结晶，这不是盐粒，而是氨基酸的结晶，笋的鲜味由此而来。

时间 20min　热量 182kcal/100g

糖醋里脊

外焦里嫩，味蕾上的绝妙体验

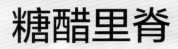

饮食宜忌

✅ 这道菜使用了油炸的方法，宜选用烟点高、其成分在高温下不易变性或分解的油品，如花生油、棕榈油、椰子油等。

038

糖醋里脊色泽鲜艳油润，十分诱人。沪菜、浙菜、川菜和淮扬菜，这四个菜系中都有糖醋里脊。沪菜中用料简单，注重的是酸甜的口味，里面用到了番茄酱，这也是沪菜的特点；浙菜用料丰富，做法精细，色、香、味俱全；川菜即使做糖醋里脊也不忘加葱、姜、花椒。这里推荐的做法，综合了几个菜系中的优点，可以给我们的味蕾带来一场美妙的体验。

材料

猪里脊250克

调料

葱花、白芝麻各10克

盐、白糖各5克

水淀粉、番茄酱、醋、料酒各10克

鸡蛋1个

面粉适量

做法

1 猪里脊洗净，切成粗条状；将适量水淀粉、醋、料酒、白糖、盐混合成调味汁备用。

2 鸡蛋在碗中打散，加适量清水、面粉搅拌均匀后，再放入猪里脊拌匀。

3 锅置火上，放油烧至五成热，转中小火，逐个放入里脊，约1分钟后捞出沥油。

4 锅里的油用大火继续加热，烧至八成热时，倒入里脊复炸片刻，至表皮金黄酥脆后，捞出沥油。

5 锅内留底油，倒入配好的调味汁和适量番茄酱，煮至汤汁变稠，倒入炸好的里脊肉迅速翻炒均匀，出锅前撒上葱花和白芝麻即可。

烹饪小窍门

* 要使里脊外焦里嫩，一定要用五成油温先炸定型，待油温升高后再进行复炸。

* 炸里脊的时候可以先放一个试油温，如果马上浮起，说明油温合适，若是沉底了，则说明油温还不够，等油温高一些时再放入肉条。

* 最后一步炒里脊时，要快速翻炒出锅，时间长了里脊就不脆了。

营养师叮咛

* 糖醋里脊用的是水粉糊，用面粉和水调和而成，一般比例是面粉50克，水100克，糊的稀稠以能挂上原料为宜，挂这种糊经过油炸，具有色泽金黄、酥脆而香的特点。而且挂糊之后再炸，食材吸收的油脂更少，也更健康。

时间
35min

热量
365kcal/100g

蜜汁叉烧肉

口口香甜，让宝宝爱上吃饭

饮食
宜忌

⊗ 这道菜中用到的腐乳，含盐和嘌呤量较高，因此高血压、痛风、肾病患者不宜多吃，以免加重病情。

蜜汁叉烧肉是广式烧腊中的经典，叉烧肉肥瘦相宜，口感细腻，咸中带甜，与白米饭是绝配，让宝宝从此爱上吃饭。做好叉烧肉的秘诀有四，第一是选好肉。一般用梅花肉，里脊肉其次，带点儿肥边的腿肉也可以，这样烤出来的肉带点儿油，口感更好，纯瘦的肉吃起来则会柴。第二是选好酱，选择口感好、色泽好的叉烧酱就成功了一半。第三要注意多刷蜜汁，这样不仅能锁住肉中水分，成品也更油亮美观。此外要注意冷却了再切片装盘，热的时候切肉会散开。

材料

梅花肉250克

调料

白糖5克

叉烧酱、红腐乳、蚝油、蜂蜜各15克

烹饪小窍门

* 做叉烧肉最好使用梅花肉。梅花肉是猪的上肩肉，瘦肉占90%以上，从横切面上可以看到纵横交错的肥肉丝，烤过之后肥肉丝会被烤融，使肉的口感更细腻。如果没有梅花肉，也可用里脊肉代替，但口感会比较柴一些。

* 腌制梅花肉前，可以先用牙签在表面扎孔，有助于入味。

* 在表面刷一层蜂蜜，不仅味道更香甜，同时减少了肉里水分的流失。也可以用麦芽糖水代替。

做法

1 梅花肉洗净晾干。

2 将调料里除了蜂蜜以外的材料倒入碗中混合拌匀，再放入整块梅花肉，使其均匀裹上调味汁后，盖上保鲜膜放入冰箱冷藏12～15小时。

3 烤盘内铺上铝箔纸，摆好腌制过的肉片，放入预热到200℃的烤箱，中火烤15分钟。

4 取出叉烧肉，刷上一层蜂蜜，继续烤15分钟。

5 再次取出叉烧肉，翻面刷一层蜂蜜，放入烤箱继续烤5分钟后取出。

6 待叉烧肉晾凉后，切片装盘即可。

营养师叮咛

* 梅花肉能补肾、补血、滋阴，一般人群均可食用。平和、气虚、阴虚体质的人更适宜食用。

* 用来给红腐乳染色的红色天然染料，叫做红曲米，小时候我们常用来染红蛋。红曲经常在各种传统菜肴中作为着色剂使用，给小孩子食用具有健脾消食的作用。

时间 45min

热量 248kcal/100g

红烧排骨

最鲜最嫩骨边肉

饮食宜忌

⊗ 孕妇不宜过多食用辛香走窜的香辛料，因此如果家有孕妇，这道菜可以适当减少香辛料的用量。

红烧排骨是厨房里出镜率极高的家常菜，深受男女老少的欢迎。此菜味道香咸，排骨炖至酥烂，色泽酱红，再撒上绿油油的葱花作为点缀，味香色美。排骨经过一焯、二煎、三煨，外酥里嫩，香气被锁在肉里，吮吸一下满满的都是肉骨头的香味。红烧排骨里的配菜，有时候比肉还要好吃，因为菜中吸足了肉的香味。这里放的是杏鲍菇，一口下去，菌菇的香味和肉香相互融合，真是令人心满意足。

材料

猪肋排400克

杏鲍菇3个

调料

花椒、丁香、葱花各5克

八角3个　　　　　蒜瓣4个

生姜3片

酱油、料酒各15克

做法

1　肋排洗净斩段，3~5厘米长均可；杏鲍菇洗净切片。

2　锅置火上，加适量清水和花椒，排骨放入冷水锅中焯烫，沥干备用。

3　锅置火上，放油烧至六成热，放入生姜、蒜瓣煸炒，再倒入排骨煎至两面呈金黄色。

4　加入酱油、料酒翻炒至均匀上色，再倒入热开水没过排骨，放入杏鲍菇，撒上八角、丁香，盖上锅盖，大火煮开后转中小火。

5　待汤汁煮至黏稠，撒上葱花即可出锅。

烹饪小窍门

* 焯烫时放入花椒，有去腥增香的效果。煮制排骨时，可用料包把散碎的香料包起来，防止成菜不方便食用。

* 煮到最后时，汤汁越来越少，要不时翻动一下排骨，让其均匀入味上色，同时防止其粘锅。

营养师叮咛

* 八角具有健胃理气、驱风镇痛、祛寒湿、缓解消化不良和神经衰弱等症状的功用。丁香则为芳香和胃之品，可缓解腹部气胀，增加胃液分泌，增强消化能力，以减轻胃部的不适症状。

时间 35min　热量 318kcal/100g

糖醋排骨

金汁灿灿，骨肉生香

饮食宜忌

☑ 宜采用煎的方式取代炸排骨，可以避免摄入过多的油分。

☑ 烹调这道菜肴时宜加点醋，不仅可使菜肴脆嫩可口，祛除腥膻味，还能保护其中的营养素。

在家宴客，总有那么几道菜是不分年龄与各人口味，总能大小通吃的，糖醋排骨绝对是当之无愧的受欢迎菜品！糖醋排骨和红烧排骨有许多相似之处，两道菜换着做，好吃又不腻。这道菜选用新鲜猪肋排作主料，下油锅炸至骨头酥香后，再回锅裹上红灿灿的糖醋汁。成菜色泽红亮油润，骨肉分离，肉香骨酥，酸甜可口。许多不爱吃饭的孩子，看到糖醋排骨胃口一下子就好了，拿它给孩子下饭，妈妈再也不用担心孩子厌食了。

材料

猪肋排500克

调料

葱段10克

姜末、白糖各5克

酱油、醋、料酒各15克

烹饪小窍门

＊ 排骨要先腌制20分钟，因为热锅热油会迅速封住排骨外表，放糖醋汁的时候不容易吸收进去。

＊ 排骨在入锅煎之前，尽量沥干水分，用厨房纸擦干也行，这样在煎的时候不会油花四溅，烫到手。

＊ 收汤汁的步骤非常关键，要用大火，但糖醋汁容易煳锅，因此要多翻动锅里的排骨。

做法

1 肋排洗净沥干，斩成4厘米长的肋排骨，放入冷水锅中焯烫，捞出沥干。

2 排骨放入碗中，加入适量酱油、料酒抓匀，覆上保鲜膜腌制20分钟。

3 锅置火上，放油烧至七成热，放入排骨，中火煎至两面均变成棕色后盛出。

4 锅内留少许底油，烧至七成热，倒入葱段、姜末煸炒出香味后，加适量清水、白糖、醋，再放入煎好的排骨，大火收汁。

5 待汤汁黏稠，淋上适量料酒，快速翻匀后即可出锅。

营养师叮咛

＊ 排骨含有丰富的骨黏蛋白、骨胶原、磷酸钙、维生素、脂肪、蛋白质等营养物质。猪肉可提供血红素铁（有机铁）和促进铁吸收的半胱氨酸，能改善缺铁性贫血。

＊ 醋可以开胃，帮助消食化积，增强食欲。

时间 20min　热量 234kcal/100g

蒜香排骨

肉滑蒜绵，吮骨有香

饮食
宜忌

⊗ 民间有"大蒜有百益而独害目"之说，患有眼疾者不宜多吃，尤其是经常发热、虚火较旺的人群不宜长期过量食用。

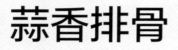

蒜香排骨是一道美味可口的上海名菜，蒜香浓郁，肉嫩味美。"蒜香味型"也是中式调味中极富魅力的一种味型，应用十分广泛。

大蒜虽然营养价值高，但是因为味道太过辛辣刺激，很多人都不喜欢吃。这道菜中完整地保留了大蒜的香味，但辛辣的味道大大减弱了，这也是许多人喜欢这道菜的原因。排骨经过提前腌制，味道香浓，再经过煎炸的程序，将酱香味牢牢地锁在排骨中，入口时酱香与蒜香融合，让人回味无穷。

材料

猪小排500克

大蒜1个

调料

葱花5克

淀粉10克

酱油、料酒各15克

做法

1 猪肋排洗净，斩成5厘米长段，放入冷水锅中焯烫，捞出沥干；大蒜掰开，依次拍碎后剥皮备用。

2 排骨放入碗中，倒入淀粉、酱油、料酒抓匀，覆上保鲜膜，腌制2小时。

3 锅置火上，放油烧至六成热，下入排骨炸至金黄色后捞起备用，锅中留少量底油。

4 底油烧至七成热，放入大蒜煸炒出香味后，排骨重新入锅，加葱花翻炒均匀即可。

烹饪小窍门

* 选择猪小排肉质更嫩。

* 排骨一定要先腌制足够的时间，这样才能入味。

* 五六成的油温炸排骨口感最好，排骨炸至金黄色就可以出锅。

营养师叮咛

* 大蒜被誉为"广谱抗菌素"，因为大蒜挥发油中所含的大蒜辣素等具有明显的抗炎灭菌效果，对病原菌和寄生虫都有良好的杀灭作用。但大蒜中的蒜辣素加热之后，辣味消失，由之而来的抗菌消炎作用也随之消失，所以熟蒜并不能够杀菌。

* 大蒜具有调节人体胰岛素、防癌抗癌、降低血脂、防止血栓、延缓衰老、预防铅中毒等功效。

豉汁蒸排骨

下箸唯闻盐豉香

美食札记

豉汁蒸排骨是一道经典的广东菜。在广式早茶中，豉汁排骨的点击率非常高，浓浓的豆豉汁包裹着嫩滑的肋骨，光闻香味就惹人喜爱。说到豆豉，记得小时候曾亲眼看过奶奶做豆豉，制作流程非常复杂，因此才成就了它非凡的美味。古人不仅用豆豉作调料，还常常拿来入药，沿用至今。

材料

猪小排500克
黑豆豉100克

调料

剁椒、葱花、姜末、
蒜末各5克
料酒、生抽各15克

营养师
叮咛

* 豆豉含有丰富的蛋白质、脂肪和碳水化合物，还含有多种矿物质和维生素。豆豉可以改善胃肠道菌群，常吃可帮助消化、延缓衰老、消除疲劳。

做法

1 排骨斩成小块，洗去血沫，沥干码盘；豆豉切碎。

2 锅置火上，放油烧至七成热，放入豆豉煸炒，再倒入剁椒、姜末、蒜末、料酒、生抽炒香。

3 将做好的豉汁均匀地浇在排骨上，放入蒸锅，大火蒸35～40分钟，出锅前撒上葱花即可。

烹饪小窍门

* 宜选择猪小排，使用流动水冲洗而不用过水焯，要剁小块一点，3厘米左右为好，不仅易熟且口感更嫩滑。如果选用大排骨制作，则需增加排骨焯水工序。

* 蒸排骨时，要用旺火，蒸35～40分钟即可，如蒸的时间短，里面会不熟，蒸久了口感不好，蒸的时候最好不要摞叠，码放成单层为好，那样受热均匀熟得快。

* 不喜欢有辣味可以省略剁椒，只放葱花也可。

 时间 60min    热量 198kcal/100g

猪肉炖粉条

朴实醇厚的东北乡土菜

—— 美食札记 ——

猪肉炖粉条是"东北四大炖"的第一炖，有句顺口溜说"猪肉炖粉条，馋死野狼嚎"。天气寒冷，吃上一锅热腾腾的猪肉炖粉条，能让人从舌尖一直暖到胃里。猪肉炖粉条不仅能温暖身体，而且营养丰富，连汤带菜同吃，营养又美味。

材料

猪五花肉300克

粉条200克

酸白菜、冻豆腐各100克

调料

葱段、生姜各10克

八角3个　　　　盐5克

料酒15克

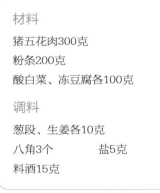

烹饪小窍门

* 粉条很容易粘锅，加入粉条后要注意多搅拌。

* 五花肉既可以切成肉片，也可以切成块，根据个人喜好选择。

做法

1. 猪五花肉洗净沥干，切成1厘米厚的肉片；粉条用温水泡软；酸白菜洗净切块；冻豆腐切小块。

2. 锅置火上，放油烧至七成热，放入八角、葱段、生姜煸炒出香味，倒入五花肉、适量料酒一块翻炒。

3. 加适量清水，没过五花肉，小火炖煮30分钟，下入粉条、冻豆腐，转中火煮至粉条软烂，放入酸白菜再煮2分钟，出锅前撒盐即可。

 营养师叮咛

---

* 粉条富含碳水化合物、膳食纤维、蛋白质和钙、镁、铁等矿物质，有良好的附味性，能吸收各种鲜美汤料的味道，再加上粉条本身的柔润嫩滑，更加爽口宜人。

* 土豆粉条颜色发青，玉米和高粱做成的粉条是淡黄色的，红薯粉条是土黄色的，绿豆粉条是白色的，略有光泽。买粉条的时候，要选择没有异味、半透明、有光泽的购买。

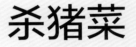
杀猪菜

黑土地上最红火的年关菜

饮食宜忌

✓ 猪肝、猪血都是很好的补血食材，缺铁性贫血患者适宜食用。

✗ 未腌够20天的酸菜不宜吃，其中亚硝酸盐的含量较高，常吃容易致癌。

050

杀猪菜，原本是东北农村每接近年关，家家户户杀年猪时吃的一种炖菜，主要食材是血肠、酸菜、五花肉、五香粉。

在过去，人们没有条件讲究什么调料和调味，只是把刚杀好的猪肉切成大片放进锅里，然后边煮边往里面放酸菜，等到肉烂菜熟后，再把灌好的血肠倒进锅内煮熟。上菜时，一盘肉，一盘酸菜，一盘血肠，有的是三者合一。这里的杀猪菜进行了改良，食材更丰富，营养和味道也更上一层楼。

材料

新鲜猪五花肉、猪血肠、酸白菜各200克

猪肝、粉条、冻豆腐各100克

猪大骨汤500克

调料

花椒5克　　　　八角3个

生姜3片

胡椒粉、盐各5克

做法

1　五花肉、猪肝洗净切片；猪血肠切成斜片；酸菜洗净切成细丝；冻豆腐切片；粉条用温水泡软。

2　锅置火上，放油烧至七成热，放入八角、生姜、花椒炒出香味。

3　下入酸白菜丝煸炒，倒入猪大骨汤，放入五花肉、猪肝、粉条和冻豆腐，大火烧开后撇净浮沫。

4　用小火炖煮10分钟后，将血肠放入锅中的炖菜上，烫至血肠边缘卷曲后，撒上胡椒粉、盐即可出锅。

烹饪小窍门

* 这道菜的精髓在于肉的鲜味，现在城市里基本没有用刚杀的猪肉做食材的条件，那也尽量用当天刚买的新鲜猪肉，切勿用冷冻猪肉，否则口感和味道会大打折扣。

* 这道菜越炖越有味道，喜欢更香浓的味道可以适当延长炖煮时间。

营养师
叮咛

* 猪血有解毒、补血美容的功效，其含铁量较高，而且以血红素铁的形式存在，容易被人体吸收利用。

* 猪肝含有丰富的营养物质，是理想的补血佳品，能滋阴养血，养肝明目。

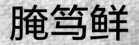

时间 120min

热量 309kcal/100g

腌笃鲜

阳春三月天，江南第一鲜

饮食宜忌

✓ 春笋是低能量、低脂肪、高膳食纤维的食物，适宜减肥人群食用。

✗ 竹笋、百叶结都是嘌呤含量较高的食材，因此痛风患者不宜吃这道菜。

腌 笃鲜属于江南特色菜肴，现已是上海本帮菜、苏帮菜、杭帮菜中具有代表性的菜色之一。此菜口味咸鲜，汤白汁浓，肉质酥肥，笋清香脆嫩，鲜味浓厚。

"腌"，就是指腌制过的咸肉；"鲜"，就是新鲜的肉类（鸡、蹄髈、肋排等）；"笃"，就是用小火焖的意思。炉火上一锅好汤发出"笃笃笃"的声音，一丝期待油然而生，这样一锅汤无需多余调味，咸和鲜互相融合，喝一口，鲜到心花怒放。

材料
排骨200克
腌肉150克
春笋100克

调料
葱段、姜片各10克
百叶结4个

做法

1 排骨、腌肉洗净，切成小块，放入冷水锅中焯烫，捞去血沫、杂质后捞出；春笋、百叶结洗净，也过水焯烫一下，捞出沥干。

2 锅置火上，加适量清水，放入排骨、腌肉和葱段、姜片，大火烧开后转小火，炖煮1小时。

3 放入春笋再煮半小时，最后放入百叶结煮10分钟即可出锅。

烹饪小窍门

* 因为腌肉的咸味已够，最后出锅时不要放盐。如果腌肉太咸，可以事先泡水去盐分。
* 这道菜需用小火慢慢炖，勿用大火，否则肉不易酥烂且易老。
* 百叶结也可换成其他自己喜欢的调料，一两种即可，否则鲜味就被掩盖了。

营养师叮咛

* 春笋味道清淡鲜嫩，含有充足的水分、丰富的植物蛋白质以及钙、磷、铁等矿物质，尤其是膳食纤维含量很高，能清肠通便。中医认为，春笋能滋阴化痰、消食通便。
* 如果不放百叶结，可以改用黄豆芽、芹菜和香菇等，这些食材常用来熬制素高汤，味道鲜美。

时间 190min **热量** 283kcal ★ ★ ★

东坡肘子

火候足时他自美

饮食宜忌

☑ 做这道菜宜选择前肘，其皮厚、筋多、胶质重、瘦肉多，肥而不腻。后肘因结缔组织较前肘含量多，皮老韧，质量较前肘差。

东坡肘子属于川菜系。东坡肘子其实并非苏东坡之功，而是其妻王弗的妙作。相传，有一次王弗在家炖肘子时因一时疏忽，肘子焦黄粘锅，她连忙加进各种调料烹煮以掩饰焦味。不料这么一来，微黄的肘子味道出乎意料地好，顿时乐坏了苏东坡。苏东坡不仅自己反复炮制，还留下了记录，并向亲朋好友大力推广。于是，"东坡肘子"也就得以传世。

东坡肘子有肥而不腻、糯而不烂的特点，色、香、味、形俱佳。配酱油碟蘸食，滋味尤佳。

材料

肘子1个　　　黄豆50克

调料

葱花、白糖各5克
黄豆酱、料酒、酱油各10克
生姜3片
桂皮、八角、香叶各适量

做法

1　肘子刮洗干净，放入冷水锅中，用大火煮沸焯烫，去血沫和杂质后捞出备用；黄豆洗净，清水泡4小时。

2　锅置火上，放油烧至七成热，倒入黄豆酱、桂皮、八角、香叶、生姜炒香后，放入肘子和黄豆。

3　往锅中加清水没过肘子，倒入适量料酒、白糖、酱油，小火炖煮3小时，直到汤汁浓稠，撒上葱花即可出锅。

烹饪小窍门

*用小火慢煨，煮的时间越长，肘子越绵软入味。

*肘子上残留的猪毛要刮干净，否则影响口感。若有粗短的毛不易刮除，也可用打火机烧灼。

营养师叮咛

* 肘子富含胶原蛋白、维生素B_2等，可以补气血、滋阴液、通血脉。常吃能润泽肌肤，美容养颜，延缓衰老，还能强筋健骨。

* 黄豆味甘，性平，不温不燥，能健脾利湿，益血补虚。对于脾胃虚弱、消瘦少食或水肿、小便不利者皆有良好的食疗功效。

时间 200min　热量 202kcal/100g

酱肘子

闻香下马，知味停车

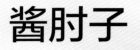

饮食宜忌

✓ 猪肘子富含胶原蛋白、B族维生素等，皮肤晦暗无光、皮肤弹性差等人群宜适当食用。

✗ 猪肘子较为滋腻，湿热痰滞内蕴者不宜多吃；肥胖、血脂较高者也不宜多食。

酱肘子是鲁菜中的一道常见的汉族传统名菜,以山东地区制作酱肘子最为知名。该菜营养丰富,酥烂香醇,色浓味厚。

传说清代乾隆年间,山东人刘德山在北京城里西单牌楼开张了一家肉铺,专门制售山东风味的酱肘子,生意很红火。后来不少达官贵人途经此地,闻到香味,也纷纷停轿下马,一尝为快。转眼之间,本来名不见经传的酱肘子美名不胫而走。时过不久,连清宫里的太后和皇上也叫人专门来买酱肘子了。

材料

肘子1个

调料

香菜5克　　　　　葱段10克

白糖5克

蚝油、酱油各10克

生姜3片　　　　　八角3个

花椒、肉豆蔻、丁香、陈皮、
山楂干、桂皮各适量

做法

1. 肘子刮洗干净,放入冷水锅中,用大火煮沸焯烫,去血沫和杂质后捞出待用;香菜洗净,切段备用。

2. 锅置火上,放油烧至七成热,放入除香菜以外的所有调料,炒香后放入焯好的肘子。

3. 往锅中加适量清水没过肘子,大火烧开后,转小火炖煮3小时,出锅前撒上香菜即可。

营养师
叮咛

烹饪小窍门

* 可以垂直于猪骨的方向,在肘子上平行划几道刀口,这样做出来的酱肘子不仅容易烂,而且更入味。

* 香辛料可以根据个人的喜好和需要加减。

* 这道酱肘子中香辛料的搭配是有学问的,是整道菜的灵魂,不仅能为成菜增色增香,还能解肉之油腻,让人吃完以后不会有滋腻碍胃的不适感。

* 山楂能够消食化积,尤其能消肉食;陈皮与山楂等同用,能理气健脾,燥湿化痰。二者搭配肘子可以使其肥而不腻。

* 桂皮具有暖胃祛寒、活血舒筋、通脉止痛和止泻的功能。因含有挥发油而香气馥郁,能祛除肉之腥味,使荤菜香而不腻,令人食欲大增。

时间 130min

热量 348kcal/100g

蟹粉狮子头

为尝此中鲜，骑鹤下扬州

饮食宜忌

⊗ 猪五花肉的脂肪含量较高，减肥人群不宜多吃。

⊗ 蟹肉的蛋白质及嘌呤含量较高，痛风患者不宜多吃。

蟹粉狮子头属于淮扬菜系。狮子头口感松软，汤汁香味浓郁，菜色诱人，营养丰富。这道菜的主要原料是蟹肉和用猪肉斩成的细丁做成的肉丸，最后用蟹黄做点缀。称这道菜的肉丸为狮子头则是因为其大而圆的外形，像极了狮子头。

狮子头有多种烹调方法，可红烧，亦可清蒸。因清炖嫩而肥鲜，所以比红烧出名。蟹粉鲜香绵软，入口而化，狮子头肉质劲道，肥而不腻。咬一口，满嘴猪肉的甘香夹杂着蟹肉的鲜味，何处还能找寻这样的极品美食呢？

材料

猪五花肉300克

河蟹2只　　　生菜叶12片

鸡蛋1个

调料

葱、姜各30克

淀粉、盐各5克

料酒15克

做法

1. 猪五花肉洗净，剁成小肉丁备用；螃蟹洗净宰杀，取出蟹肉和蟹黄，蟹黄蒸熟；生菜洗净备用；葱、姜洗净，切成细丝，用纱布包裹起来挤出葱姜汁。
2. 肉馅放入碗中，加蟹肉、葱姜汁、打散的鸡蛋和适量淀粉、盐、料酒，顺时针充分搅拌均匀。
3. 将肉馅分成几份，放在掌心中来回翻滚四五次，做成圆滑的狮子头。
4. 锅底平铺一层生菜，放上狮子头，再铺上一层生菜，加适量清水没过狮子头，大火烧开后转小火焖2小时。出锅时撒上点蒸熟的蟹黄即可。

烹饪小窍门

* 肉馅不要用搅拌机绞成软绵绵的肉泥，那样做出来的狮子头没有弹性，口感不好，要自己动手来剁。
* 尽量选用砂锅，微火慢炖，时间越久，口感越佳。
* 水要一次性放足，如果中途加水，一定要加热水。

营养师叮咛

* 蟹肉含有丰富的蛋白质及微量元素，对身体有很好的滋补作用。中医认为其有清热解毒、补骨添髓、养筋活血，利肢节，滋肝阴，充胃液之功效。
* 生菜含有莴苣素，故味微苦，具有镇痛催眠、降低胆固醇、辅助治疗神经衰弱等食疗功效。

时间 45min　热量 203kcal/100g

四喜丸子

喜庆家宴上的必备菜

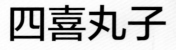

饮食
宜忌

✓ 荸荠属于水生植物，性质偏寒凉，可清热祛火，适宜上火的人食用。

✗ 四喜丸子经过油炸的工序后含油量较高，需要控制体重的人不宜多食。

四喜丸子颜色金黄，鲜咸酥嫩，芡汁清亮，口味适中，可算是最受人们喜爱的吉祥菜肴了。它属于鲁菜，由四个色、香、味俱佳的肉丸组成，寓意福、禄、寿、喜，常作为喜宴、寿宴的压轴菜，以取其吉祥之意。四喜丸子做法与狮子头基本一致，只是四喜丸子限用四个肉丸，主要用料为猪肉馅、鸡蛋、葱花等。

"四喜丸子"以其吉庆、团圆的寓意，给宴席增添了欢乐和热烈的气氛。这道菜不但能给人们带来欢愉融洽的感受，还表达了殷切的祝福之意。

材料

猪五花肉300克

荸荠、香菇各5个

鸡蛋1个

调料

葱段15克　　　　生姜5片

盐5克　　　　　水淀粉适量

淀粉、料酒各10克

做法

1 猪五花肉洗净，荸荠去皮洗净，香菇洗净后清水泡开备用。

2 五花肉、荸荠、香菇一起剁成小丁放入碗中，倒入鸡蛋液和适量淀粉、盐、料酒，顺时针充分搅拌均匀。

3 将肉馅分成四份，放在掌心中来回翻滚四五次，做成圆滑的肉丸。

4 锅置火上，放油烧至五成热，放入丸子炸至表面金黄后，捞出沥干油分。

5 锅中放入丸子、生姜、葱段，加适量清水没过丸子，大火烧开后小火焖煮30分钟直至收汁，出锅前淋上适量水淀粉，再加热1分钟即可。

烹饪小窍门

* 注意控制油温不能太高，因为肉丸大，难以成熟，避免造成外焦里生。

* 搅拌肉馅时要等到其上劲之后才可做成丸子，做丸子时要放在掌心间来回摔打几次，这样炸肉丸时才不会散开。

营养师
叮咛

* 丸子中放荸荠，不仅口感更好，同时也为营养加分。荸荠中含有的磷是根茎蔬菜中最高的，适当的钙磷比能促进钙的吸收，促进人体生长发育，对牙齿骨骼的发育有好处，同时可促进体内的糖、脂肪、蛋白质三大物质的代谢，调节酸碱平衡。

茶树菇焖猪蹄

舌尖上的山野味

美食札记

成菜油而不腻，色泽金黄，富含胶质，常吃可以美容养颜。猪蹄分前后两种，前蹄肉多骨少，呈弯形，个头比较小。后蹄肉少骨多，呈直形，个头比较大。此菜宜选用前蹄。茶树菇盖嫩柄脆，味纯清香，许多人喜欢它的山野味儿，除了焖猪蹄，也可以用来炖排骨，满屋子弥漫着香气，令人食欲大振。

材料

猪蹄500克
茶树菇300克

调料

蒜末5克　　　　生姜3片
豆瓣酱10克
料酒、酱油各15克

做法

1 猪蹄斩块，入冷水锅中，大火焯烫后沥干备用；茶树菇洗净，沥干备用。

2 锅置火上，放油烧至七成热，加生姜、蒜末、豆瓣酱炒香后，放入猪蹄和适量料酒、酱油翻炒均匀。

3 往锅中加适量清水没过猪蹄，放入茶树菇，大火烧开后转中火焖煮90分钟，至猪蹄煮烂收汁后即可出锅。

烹饪小窍门

＊ 如果用的是干茶树菇，先用温泡10分钟，可以把藏在菇伞里的杂质去除得更干净。

＊ 喜欢吃辣的人可以在炒豆瓣酱时加适量辣椒。

营养师叮咛

＊ 茶树菇性平，味甘温，能补肾滋阴、益气开胃、健脾止泻，并且有提高人体免疫力、抗衰老、降低胆固醇的特殊作用，常食可美容养颜、延缓衰老。此外，茶树菇含大量菌类多糖，有很好的辅助防癌抗癌作用，人们把它称做"中华神菇"。

时间 130min　热量 242kcal/100g

红烧猪蹄

垂涎欲滴 "红酥手"

— 美食札记 —

广东人管这道菜叫 "红烧猪手"，其猪蹄味浓适口，肥而不腻，猪皮软糯咸香，利于消化，猪肉香嫩绵软，营养丰富。这道菜以猪蹄为制作主料，一般选用猪的前蹄子，肉多而骨少，吃起来口感更好。如果炖煮的时间够长，肉质厚而绵软，非常适合老人和小孩食用。

材料

猪蹄500克　　香菇10个

调料

生姜3片

酱油、料酒各15克

桂皮、香叶、花椒、

高汤各适量

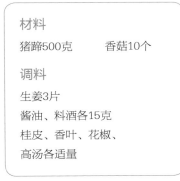

烹饪小窍门

＊锅内加高汤后，小火慢炖的过程中要勤看，中途翻动几次，否则猪蹄胶质多容易粘锅。

做法

1　猪蹄刮洗干净，斩块备用；香菇洗净，清水泡开。

2　猪蹄入冷水锅中，大火焯烫一遍，捞出沥干。

3　锅置火上，放油烧至七成热，放入猪蹄、香菇、生姜、桂皮、香叶、花椒、酱油、料酒翻炒均匀。

4　加适量高汤没过猪蹄，大火煮开后转小火炖煮2小时，收汁后即可出锅。

营养师叮咛

＊ 猪蹄含有丰富的胶原蛋白，是女士美容的佳品。但胶原蛋白属于不完全蛋白，难于吸收和消化利用，所以在食用时，还要补充一些维生素C丰富的食材，帮助胶原蛋白的吸收利用。

＊ 粤式做法口味偏甜。这里改良版的做法是不加白糖，味道丝毫不减，如果喜欢甜口的也可以放少量白糖，但糖尿病患者或过度肥胖者不宜食用。

時间
20min

热量
256kcal/100g

爆三样

软嫩脆香，汉族传统名菜

饮食
宜忌

✅ 挑选猪腰时，宜选择表面无出血点、大小中等、厚薄均匀的，用刀切开猪腰后，以白色筋丝与红色组织之间清晰可辨的为佳。

"**爆**三样"分"老爆三样"和"新爆三样"。"老爆三样"属于鲁菜名菜。后来经过发展，很多地方都有了新爆三样，属于私家菜。

中国菜里"爆"的做法极多，有汤爆、油爆、盐爆、酱爆、葱爆等。资深厨师爆出来的菜都是脆嫩、急汁的，不光外面多汁，里头还得有味道。老爆三样用的是猪肝、猪里脊和猪腰，肝的香糯、肉的嫩滑、肚的脆爽，吃起来口感层次丰富，酱香出头，甜淡收口，里味鲜香，浓淡适宜。新爆三样用的是肉片、虾仁、鱿鱼，也是一道鲜味十足的菜品。

材料

猪肝、猪里脊肉各150克
冬笋50克　　　猪腰1个

调料

盐、姜末各5克
葱段、淀粉、酱油各10克
水淀粉、料酒各适量

做法

1. 将猪腰对剖，去掉筋膜和臊腺，洗净后纵横切花，再切成2厘米厚片；猪肝、猪里脊洗净，切成厚约1厘米的柳叶片。
2. 猪腰、猪肝放入沸水中焯5分钟，去浮沫，变色后捞出放入冷水浸泡10分钟，再捞出沥干。
3. 将猪里脊肉片、腰片、肝片放入碗中，加适量淀粉、盐、酱油抓匀上浆。
4. 锅置火上，放油烧至七成热，放入葱段、姜末炒香，再倒入猪三样和冬笋，加适量水淀粉、料酒，快速翻炒收汁即可。

烹饪小窍门

* 爆三样，一要刀工细致，三样片的大小厚薄一致；二要动作迅速，过油爆熟即出锅；三要勾芡，做到卤汁紧抱，明汁亮芡。

营养师叮咛

* 猪腰能补益肾气、通利膀胱，主治肾虚、遗精、盗汗。
* 通常补血的食物，都会推荐动物肝脏，食用猪肝是最好的选择。
* 冬笋具有低脂肪、低糖、多膳食纤维的特点，能促进肠道蠕动、帮助消化、消除积食、防止便秘。与春笋相比，冬笋更加肥美鲜甜，春笋则更加鲜嫩一些。

卤水大肠

过瘾解馋，就好这一口儿

饮食
宜忌

✕ 猪大肠的胆固醇含量较高，"三高"患者不宜多吃。此外，猪大肠有滑肠润肠的作用，因此脾虚便溏者也不宜食用。

卤水是一种由多种香辛料煮成的具有特殊香味的调味品，其用途广泛，无论是各种肉类、鸡蛋或者豆制品，均可以用卤水烹饪，而且味道极佳。所用材料常有花椒、八角、陈皮、桂皮、甘草、草果、沙姜、姜、葱、生抽、老抽及冰糖等，经过数小时的熬煮才可制成。但一锅上好的卤水，通常还会选用鲜味较浓的肉类作原料，这样才能增加卤水的鲜香味，此外有一句行话叫"卤水越老越好"，说明熬制的次数越多、时间越久，其香味就越浓。

材料

猪大肠300克

调料

葱花、蒜末、盐各5克

面粉10克

卤水、醋、料酒各15克

生姜5片

做法

1 猪大肠先用清水冲洗，加入面粉、醋、盐浸泡后再抓搓干净，最后再用清水洗净沥干。

2 锅置火上，加清水大火烧开后转中火，放入大肠、生姜、料酒焯5分钟后捞出沥干，大肠切成两三厘米的小段。

3 锅置火上，倒入适量卤水，中火煮10分钟，再放入切好的大肠，大火煮开后转小火炖煮1小时，出锅后撒上葱花、蒜末即可。

烹饪小窍门

* 卤水可以自己在家里熬制，用高汤熬出来的卤水既美味又有营养。
* 可以用适量蒜蓉、醋、酱油调配成蘸酱，用卤水大肠蘸着吃风味更佳。

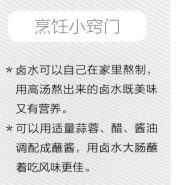

营养师叮咛

* 猪大肠中的脂肪含量比较高，所以尽量去掉其中附着的脂肪，不仅吃得更加健康，腥味也更少了。卤制的猪大肠制作过程中油脂会析出，是烹制猪大肠的好方法。
* 卤水中的浮油要经常打掉，最好使卤水表面只保留薄薄的一层"油面子"。否则，油脂过多，脂肪氧化，卤水容易变质。
* 卤水在不使用时，应烧沸后放入搪瓷桶内，令其自然冷却，且不要随意晃动。若是夏天，卤水必须每天烧沸，如果是自己在家保存，可以存放在冰箱冷冻室里，随吃随化。

时间
20min

热量
302kcal/100g

焦熘肥肠

惟爱此香真食客

—— 美食札记 ——

这道菜颜色金黄，外焦里嫩。一道好吃的焦熘肥肠，材料的选择和处理很重要。首先一定要选择新鲜的猪大肠，不新鲜的内脏会有洗不去的腐败味。其次，要学会清洗肥肠，这样烹制出来的肥肠才能香而不臭。

材料

猪大肠300克　　蒜苗200克
冬笋100克

调料

盐5克
面粉、淀粉各10克
醋、料酒各15克
生姜5片　　　红椒1个
大蒜3瓣

做法

1 猪大肠先用清水冲洗，加入面粉、醋、盐浸泡后再抓搓干净，最后用清水洗净沥干；蒜苗洗净切段；冬笋、红椒洗净切片。

2 锅中加清水，大火烧开后转中火，放入大肠、生姜、料酒焯5分钟，捞出沥干，大肠切两三厘米的小段，均匀裹上淀粉备用。

3 锅中放油烧至五成热，放入大肠炸至表面金黄，捞出沥干油分。

4 锅留底油，烧至七成热，爆香红椒、大蒜，再放入蒜苗、冬笋翻炒，最后放炸好的大肠和适量盐、料酒炒匀即可。

烹饪小窍门

＊ 洗肥肠时要剪去肠子外面的肥油和薄膜，肥肠的里外都要加醋、盐和面粉搓洗，一能去除臭味，二能杀菌，面粉则能吸附肥肠上多余的油脂和杂质。

＊ 炸肥肠时要大火，若小火慢炸容易变老，吃起来费劲。

营养师叮咛

＊ 中医认为：猪大肠性寒，味甘，有润肠、去下焦风热、止小便频数的作用，可辅助治疗虚弱口渴、脱肛、痔疮、便血、便秘等症。但焦熘肥肠经过煎炸的工序，中和了大肠的部分寒性，其食疗效果也被削弱了。

PART

03

牛羊篇

鲜美豪放的草原风味

时间 60min

热量 174kcal/100g

烤羊排

塞外草原最肥美的滋味

饮食宜忌

⊘ 宜用锡箔纸或铝箔纸包裹食材，可防止肉类烤焦，减少致癌物的产生。

⊗ 这道菜用到了孜然、辣椒等热性调料。便秘、痔疮患者不宜多吃。

烤 羊排是一道新疆名菜。一般都是放在烤肉炉上烤，或者在馕坑里烤。现在家用烤箱十分普及，在家中也可以制作美味的烤羊排了。

烤羊排用料考究，精选上等新鲜羊排，一般是幼羊的肋骨，加洋葱、盐和新疆特产的孜然粉、辣椒粉烤制而成。新疆人做羊肉时一般不喜欢加过多的调料，而钟情于原汁原味，这是因为新疆羊肉的肉质鲜美，没有膻味，而烤出来的羊排也肥而不腻，外焦内嫩，咬一口满口流汁。

材料

羊排500克　　　洋葱100克

调料

盐、孜然粉、辣椒粉、
胡椒粉各5克
料酒15克
桂皮、花椒、八角、
生姜各适量

做法

1. 羊排洗净，斩成约10厘米的长段；洋葱去皮，洗净切片。
2. 锅置火上，放入羊排和适量桂皮、花椒、八角、生姜、盐、料酒，加清水没过羊排，大火烧开后，转中小火煮20分钟至羊排八成熟，捞出沥干、晾凉。
3. 烤箱预热到上下火190℃，用铝箔纸将羊排和洋葱紧密包裹，放入烤箱，烤20分钟后，打开铝箔纸，将羊排翻面再烤10分钟。
4. 二者烤熟后取出装盘，撒上适量孜然粉、辣椒粉、胡椒粉即可。

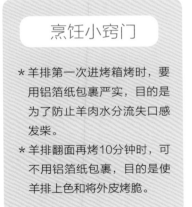

烹饪小窍门

* 羊排第一次进烤箱烤时，要用铝箔纸包裹严实，目的是为了防止羊肉水分流失口感发柴。
* 羊排翻面再烤10分钟时，可不用铝箔纸包裹，目的是使羊排上色和将外皮烤脆。

营养师叮咛

* 羊肉性温，可以益肾助阳，温中暖下，适合虚寒怕冷、体质虚弱者食用，秋冬季节尤其适合食用。

时间 20min

热量 199kcal/100g

蜜汁煎羊排

膏腴美馔，人间乐事

饮食
宜忌

这道菜宜搭配蔬菜食用，如焯西蓝花、胡萝卜或芦笋等，撒上适量胡椒粉与羊排一起摆盘，营养又美味。

蜜汁煎羊排是一道经典西餐，几乎在所有的西餐厅里都能吃得到，甜而不腻的酱汁搭配嫩而不膻的羊排，简直美到人心窝子里去。

在家里学会做这道美味的蜜汁羊排，和心爱的人吃烛光晚餐再也不用去高档餐厅了，再配上一杯香醇的红酒，满满是爱的甜蜜。摆盘时再搭配几个色彩鲜艳的蔬菜，美味与美貌兼备的菜式有谁能拒绝得了呢？做给孩子吃，香甜的滋味也一定会受到孩子们的欢迎。

材料

羊排500克　　　洋葱100克
蒜蓉30克

调料

盐、白糖、黑胡椒粉、
白芝麻各5克
叉烧酱、料酒各15克

做法

1　羊排洗净沥干，斩成约5厘米的长段；洋葱去皮，洗净切片。

2　将羊排放入碗中，加洋葱、蒜蓉和适量叉烧酱、黑胡椒粉、料酒、盐、白糖，搅拌均匀，盖上保鲜膜密封，放入冰箱中冷藏，腌制3小时。

3　锅置火上，放油烧至八成热，放入羊排和洋葱，煎至羊排两面金黄，出锅前撒上适量白芝麻即可。

烹饪小窍门

＊羊排刚入锅煎的时候锅和油温一定要稍高些，这样羊排表面就可以瞬间凝结起来，锁住里面的水分，可以使羊排更鲜嫩。这在烹饪手法上称为封煎，就是把水分封住在肉里，使肉不柴。

营养师叮咛

＊洋葱中含有丰富的蒜素，当洋葱和羊肉一起烹调时，蒜素会转化成蒜硫铵素，能有效地延长羊肉中维生素B₁在体内停留的时间。洋葱中的膳食纤维也会使羊排中的胆固醇被更多地排出体外。

时间 60min

热量 202kcal/100g

红烧羊排

—— 羊大方为美，有羊才是鲜

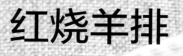

饮食
宜忌

☑ 炖羊肉时，宜加入冬瓜或萝卜一起慢炖，有助去膻。加红枣或陈皮一起炖，也是简便又营养的除膻方法。

这道菜采用了红烧手法，做出来的菜颜色红润，味道鲜咸、酥烂适口、汁浓味香。烹饪方法相对简单，适合家常制作。

每当寒流来袭，随着气温下降，除了适当增添衣物保暖外，选择一些热量较高的食物，可以增强身体抵抗寒冷的能力。中医认为羊肉能益肾壮阳、温中暖下、补气生血，御寒效果极好。在寒冷的日子里，来上一盘热乎乎的红烧羊排，香浓滋味经过喉咙进入胃里，整个人都暖了起来，这种感觉让人满足而幸福。

材料

羊排700克
胡萝卜、土豆各200克

调料

生姜、盐各5克
料酒、酱油各15克
八角、草果、香叶、小茴香各适量

做法

1 羊排洗净，斩成约5厘米的长段；胡萝卜、土豆洗净切块。
2 锅置火上，加清水没过羊排，焯去血沫和杂质后捞出沥干。
3 锅置火上，放油烧至八成热，放入生姜、八角、草果、香叶、小茴香炒香后，再放入羊排，加适量料酒、酱油、盐翻炒均匀。
4 往锅中加适量清水，大火烧开后，转中火焖煮30分钟，至羊排八成熟后，再放入胡萝卜、土豆煮至二者软烂即可。

烹饪小窍门

* 羊肉焯水时可加入少许醋，能有效地去除膻味。
* 炖煮时水最好一次性放足，如中途加水需加热水。
* 也可搭配其他应季蔬菜，如冬季时加白萝卜就是不错的选择。

 营养师叮咛

* 用炖的方式烹调羊肉能够保证原汤原汁，时间炖得越长，蛋白质越容易被消化，更加适合老人和儿童。

时间　　热量
30min　　206kcal/100g

羊肉串

吃出夏日大排档的火热情怀

饮食
宜忌

⊗ 不宜与啤酒同吃。肉类是高嘌呤食物，会
使啤酒里的核酸分解为尿酸，易诱发痛风。

⊗ 羊肉性温，烤羊肉串容易上火，不宜一次
多吃。

羊肉串是夏日在烧烤摊上必点的烤串之一。但是外面做的烤串往往不尽如人意，要么羊肉太少太柴，吃起来不过瘾，要么烤得太焦太油，口味重而油腻。除了口味不好，用炭火烤的食物也产生了许多有害物质，比如具有致癌作用的多环芳烃，它是在烧烤时由于油脂滴到炭火上而产生的，这种物质会随着油烟附着在烤肉上，而烧焦的肉中产生的此类物质尤其多。因此，还是自己在家学学怎么做好吃又健康的羊肉串吧。

材料

羊肉400克

调料

白芝麻、胡椒粉、孜然粉、辣椒粉、花椒粉、小茴香各5克

做法

1 羊肉去掉筋膜，洗净切块，放入碗中备用。

2 将除了白芝麻以外的所有调料倒入羊肉中，充分抓匀，腌制2小时使其入味。

3 用竹签将羊肉串起来，烤盘铺上铝箔纸，将羊肉串放入烤箱，用180℃的火候烤20分钟。

4 将烤盘取出，羊肉串上适量地刷一层油，撒上白芝麻，再继续烤10分钟即可。

烹饪小窍门

* 可以选用羊肩肉，虽然只有少许肥肉，但是肉十分滑嫩。
* 也可以油炸羊肉串，另有一番风味。

营养师叮咛

* 羊肉串的标配绝对不是啤酒，而是孜然粉、辣椒面、西瓜、葡萄和大枣。烧烤类的物质容易产生致癌物，但是香辛料和维生素C能够阻止部分致癌物质的生成和吸收，所以，吃完烧烤，一定要吃些水果。

水煮羊肉

沽酒啖肉，豪气冲天

饮食宜忌

⊘ 孕产妇宜适量多吃羊肉。羊肉性温，具有补益气血、止血祛瘀等食疗功效，除了是孕妇的滋补佳品，对妇女产后血虚、月经不调、贫血、肢冷酸痛等的食疗效果也很好。

冬天吃一碗热腾腾的水煮羊肉是最惬意的事了。可以买来现成的羊肉片，用水煮的做法，非常好吃还省事！家庭聚餐来上一锅，热热闹闹、红红火火！

微微辛辣的羊肉片和红灿灿的汤汁，尝起来辣得开胃，辣得全身暖和。再加一点爽脆可口的莴笋和生菜，红绿相配，色彩鲜艳明亮，让人心情舒畅。水煮类的菜式，除了肉，一定缺不了蔬菜，绿油油的蔬菜蘸着热乎乎的汤汁，鲜嫩多汁，让人无法抗拒。

材料

羊肉400克

莴笋、生菜各200克

调料

生姜、干辣椒、八角、桂皮、花椒各5克

淀粉、豆瓣酱各10克

料酒15克　　高汤500克

鸡蛋1个

做法

1 羊肉洗净切片，用料酒、淀粉、蛋清抓匀，腌半小时；莴笋去皮，洗净切片；生菜洗净，撕成大块。

2 莴笋、生菜分别放入沸水中焯熟，捞出沥干，铺在碗底。

3 锅置火上，放油烧至八成热，加生姜、干辣椒、八角、桂皮、花椒炒香，再放入豆瓣酱，翻炒出红油。

4 加适量高汤大火烧开，放入羊肉，煮熟后倒在蔬菜上即可。

烹饪小窍门

* 做这道菜最好选择新鲜羊肉，新鲜羊肉的肌肉纤维紧密，水分充足，如果切片较厚，羊肉片是可以立起来的，而不新鲜的羊肉片，肌肉中的水分流失，肉片就显得软塌塌的。

* 高汤可以选用猪骨、牛骨或羊骨熬制的汤汁，比清水做出来的肉片更鲜美。

* 可以根据喜好添加其他食材。

营养师叮咛

* 莴笋味道清新且略带苦味，可刺激消化酶分泌，增进食欲。此外，莴笋含有大量膳食纤维，能促进肠壁蠕动，通利消化道，帮助排便。

* 羊肉鲜嫩，营养价值高，其蛋白质含量较多，脂肪含量较少。B族维生素及铁、锌、硒的含量颇为丰富，是补虚益气的佳品。凡肾阳不足、腰膝酸软、腹中冷痛、虚劳不足者皆可用它作食疗品。

时间 60min

热量 120kcal/100g

黄焖羊肉

冬吃羊肉赛人参

饮食宜忌

☑ 宜在炖羊肉时放入10克黄芪，可增加这道菜品温阳补气的食疗功效。

☑ 胡萝卜中的胡萝卜素是脂溶性维生素，宜与肉类搭配烹制。

焖 分红焖和黄焖，二者的烹调方法和用料都差不多，只是调料有所区别。红焖所用酱油和糖色比黄焖多，成菜后，红焖菜呈红色，黄焖菜呈黄色。

这道黄焖羊肉是西北经典名菜之一。宋代以来的历代皇室都把羊肉列为宫廷膳食，尤其是清宫十分喜爱食用羊肉，据说这道黄焖羊肉是清朝末代皇帝爱新觉罗·溥仪的御膳菜肴，用羊肉和白菜等蔬菜烹制，口味香酥，肥而不腻，具有暖中补气、滋养御寒、生肌健力等功效。

材料

羊肉500克　　　白菜200克
胡萝卜、土豆各100克

调料

料酒、酱油各15克
生姜、干辣椒、蒜片、葱段、
花椒、八角各5克

做法

1 将羊肉洗净切块；胡萝卜、土豆洗净，切成滚刀块。

2 锅置火上，加清水没过羊肉，焯去血沫和杂质后捞出沥干。

3 锅置火上，放油烧至八成热，倒入生姜、干辣椒、蒜片、葱段、花椒、八角炒香，再放入羊肉，加适量料酒、酱油翻炒均匀。

4 往锅中加入适量清水，大火烧开后转中火煮约30分钟，再放入白菜和胡萝卜、土豆，煮至熟透即可。

烹饪小窍门

＊焯羊肉时，羊肉要先放入冷水锅中再用大火煮开，开锅后要及时捞去浮沫。

＊焖煮羊肉途中避免少揭锅盖，避免肉煮得不够酥烂。

营养师
叮咛

＊《本草备要》中有"人参补气，羊肉补形"的说法。但是羊肉性温热，吃多了容易上火。因此，吃羊肉时可以搭配一些凉性蔬菜，比如白菜，既能起到清凉、解毒、去火的作用，又不影响羊肉的补益功效，不仅增添了菜色，还增加了膳食纤维和维生素的摄入。

时间 100min　　热量 204kcal/100g

家常羊蝎子

西北汉子的快意享受

饮食
宜忌

⊗ 口舌生疮、咳吐黄痰等上火症状者不宜多吃羊肉。

⊗ 患有感染性疾病及发热期间的人也不宜吃羊肉。

羊蝎子就是带里脊肉和脊髓的完整的羊脊椎骨，因其形跟蝎子相似，故而俗称羊蝎子，常用来做清汤火锅，味道鲜美，堪称老少皆宜的上乘美味佳肴。

想在家做好羊蝎子其实一点也不难，首先是肉要好，说白了就是肉得多，再有就是得新鲜。另外炖得别太咸，外面饭馆做的羊蝎子都偏咸，那是为了怕坏，如果在家做，咸了不利于健康，假如一顿吃不了，第二顿再一热就太咸了。家常宴请做这道菜，绝对是压席横菜，能收个满堂彩。

材料

羊蝎子1000克
白萝卜500克

调料

盐5克　　　　　　香菜10克
酱油15克
花椒、八角、草果、孜然、香叶、肉豆蔻、桂皮各5克

做法

1 羊蝎子斩块，用冷水泡2小时，期间换两次水，洗去血沫和杂质；白萝卜洗净，去皮切块；香菜洗净切成小段。

2 锅置火上，放油烧至八成热，将所有香辛料放入爆炒出香后，再倒入羊蝎子，加适量酱油、盐翻炒。

3 往锅中加水，没过羊蝎子，大火烧开，小火慢炖1小时后，放入萝卜块再炖半小时，出锅前撒上香菜即可。

烹饪小窍门

＊在炖羊蝎子的锅里放一根羊腿骨，可以使羊蝎子的味道更加鲜香。

＊羊蝎子要用冷水泡足够长的时间，这样就不用再经过焯烫的程序了，因为过水焯会使髓质中的营养成分流失。

营养师
叮咛

＊羊蝎子低脂肪、低胆固醇、高蛋白，易于吸收，有滋阴补肾、美颜壮阳等功效。

＊想通过喝骨头汤来补钙，效果可能不太理想。因为即便是长时间炖煮，骨头里的钙溶到汤里面的也很少，想让骨头汤里的钙增多，烹制的时候需要加一些醋来帮忙。

葱爆羊肉

葱香肉美滋味妙

饮食宜忌

⊗ 做这道菜不宜加嫩肉粉，如果羊肉选得好，根本不需要加嫩肉粉，嫩肉粉又叫蛋白酶，会破坏肉质纤维，羊肉吃起来虽然软嫩，却失去了肉质纤维的咀嚼感，口感尽失。

　　"**葱**爆羊肉"是老北京的一道传统菜肴，其烹制的功夫主要是在火候和调料的搭配上。葱爆羊肉，主要突出一个"爆"字，肉下锅后要用猛火快速把肉爆熟，才是最地道的制作葱爆羊肉的方法。葱爆羊肉一般选择羊的后腿肉切片。大葱要选择葱白部位，先把葱白切成滚刀块，然后把每层葱皮剥开，使其呈松散的片状，用这种处理大葱的方法，使葱下锅后可立即断生还不易塌秧，吃起来还会有清脆感。

材料

羊肉500克　　　大葱500克

调料

白糖5克

黄酒、酱油、香醋、香油
各10克

做法

1　羊肉洗净，切薄片，放入碗中，加适量黄酒、酱油、白糖抓匀，腌制20分钟；大葱洗净，切成滚刀块，取出一部分葱段放入羊肉中一起腌制。

2　锅置火上，放油烧至八成热，倒入羊肉滑炒至变色后，倒入大葱翻炒均匀。

3　沿锅边倒入适量香醋，炒匀提香。

4　出锅前淋上适量香油即可。

烹饪小窍门

* 爆炒，要求的是旺火，旺火烹调的菜肴能使主料食材迅速加热，纤维急剧收缩，使肉里面的水分不易渗出，吃时就脆嫩。

* 为了使菜色看起来更诱人，可搭配适量的青椒和红椒。

营养师叮咛

* 大葱具有发表通阳、解毒调味、发汗抑菌和舒张血管等作用。与羊肉搭配，可以去膻增鲜，对于风寒感冒、头痛鼻塞、阴寒腹痛等症有更好的食疗效果。

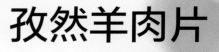

时间 15min

热量 231kcal/100g

孜然羊肉片

大漠炊烟直，孜然飘香远

饮食
宜忌

羊肉性热，孜然也性热，吃完这道菜，宜吃一些凉性的水果来平衡一下，比如梨、橙子和各种瓜类。

这道菜，可以选羊后腿肉切片，也可以用吃火锅剩下的羊肉片来制作。孜然粉和孜然粒虽然都是同一种调料，但是两者的口感不一样，可以在加孜然粉之外再加入少许孜然粒，羊肉吃起来味道会更香浓，比单独用一种要好吃得多。

羊肉肉质细嫩，易消化，蛋白质含量高，可以暖中祛寒、温补气血、开胃健脾，常吃可益气补虚，促进血液循环，增强身体抵抗力。孜然不仅可以祛除羊肉的膻味，增强人的食欲，还具有防腐杀菌的作用。

材料

羊肉300克　　　鸡蛋1个

调料

孜然粉、盐各5克

孜然粒少许

淀粉、葱段、香菜各10克

花椒油、料酒、酱油各15克

做法

1　羊肉洗净，切成薄片，放入碗中，倒入鸡蛋液、料酒、淀粉抓匀；香菜洗净，切成小段。

2　锅置火上，放油烧至八成热，倒入葱段、花椒油爆香后，放入羊肉片一同煸炒。

3　至羊肉稍变色，加入适量料酒、酱油、盐，大火炒至羊肉片断生。

4　出锅前撒上孜然粉、孜然粒和香菜，翻炒均匀即可。

烹饪小窍门

* 羊肉片要切得薄一些，这样便于入味、成熟，更重要的是炒好的羊肉片四周会微微焦脆，口感非常好。

* 炒的过程中可能会出汤，大火翻炒一会儿之后，汤基本会收干了。一定要把汤炒干，否则影响口感和味道。

* 香菜的量可以多些，而且要最后放，放入香菜立即关火，利用余温炒匀即可。

营养师叮咛

* 孜然又名安息茴香，维吾尔族称之为"孜然"。孜然气味甘甜，辛温无毒，具有温中暖脾、开胃下气、醒脑通窍、降火平肝的功效，对消化不良、胃寒疼痛、肾虚便频、月经不调均有辅助食疗的效果。

時间 50min　热量 221kcal/100g

新疆羊肉抓饭

油亮生辉，令人惊艳

饮食
宜忌

✓ 羊肉和胡萝卜是天然的绝配，不光胡萝卜的膳食纤维能吸收掉多余的羊肉脂肪，吃了不胖，更重要的是，胡萝卜里的脂溶性维生素，需要羊肉的油脂才能被吸收。

"抓"饭"维语叫"坡撸",逢年过节、婚丧嫁娶的日子里,他们都必备"抓饭"待客。传统习惯是先请客人们围坐在炕上,中间铺上一块干净餐布。随后主人一手端盆,一手执壶,请客人逐个洗净手,并递给干净毛巾擦干。待客人们全部洗净手坐好后,主人端来几盘"抓饭"置于餐布上,请客人直接用手从盘中抓吃。如此隆重的仪式,可想而知抓饭该有多么美味了。

这道菜以焖为主,口味清香,羊肉入味,胡萝卜和洋葱软中带甜,米饭浸透各种香味,很能激起食欲。

材料

羊肉、胡萝卜各300克

洋葱100克　　大米800克

调料

盐、孜然各5克

酱油10克

做法

1 羊肉洗净,切成小块;洋葱、胡萝卜洗净,去皮切丁;大米用清水泡半小时后捞出。

2 锅置火上,放油烧至七成热,放入洋葱炒出香味,再放入羊肉、胡萝卜翻炒,加适量孜然、酱油、盐炒匀后,加适量清水。

3 将大米均匀地铺在羊肉上,加盖大火烧开后,转小火焖煮半小时至米饭熟透,出锅前搅拌均匀即可。

烹饪小窍门

* 水放多少很重要,大米跟水的比例大约是1:2,这样米粒不仅能熟透,同时又有嚼劲,口感不会太烂。

* 出锅前还可以撒上一小把葡萄干焖2分钟,风味独特。

营养师
叮咛

* 这道菜色泽鲜亮,营养丰富,很能引起人们的食欲。冬季常吃羊肉,不仅可以增加人体热量、抵御寒冷,还能促进消化酶分泌,保护胃壁,修复胃黏膜,帮助消化。

时间 **60min**　热量 **118kcal/100g**

番茄土豆炖牛肉

味浓汁厚，盖饭佳品

饮食
宜忌

牛肉含有丰富的蛋白质，其氨基酸组成比猪肉更接近人体需要，能提高机体抗病能力，因此处于生长发育阶段及手术后、病后调养的人宜常吃牛肉。

吃 牛排的时候常常要思考吃几分熟的，但是炖牛腩时就完全不会有这样的顾虑了，因为牛腩一定要炖煮得软烂才够味。番茄、土豆与牛肉一起炖煮，不仅使牛肉更加酥烂香甜，而且增加了牛肉的营养价值。土豆酥烂可口，吸收了牛肉汁，非常好吃。

如果想番茄味更浓一些，可以加入适量番茄酱。想汤汁更浓郁些，可以最后大火再收下汁。如果你比较喜欢用汤泡饭、拌面，可以多留些汤。这道菜冬季吃能温暖养生，夏季吃则清爽开胃。

材料

牛肉500克

番茄、土豆各2个

胡萝卜半根　　洋葱半个

调料

葱1段　　　　姜3片

盐、鸡精、黑胡椒粉、八角、
桂皮各5克

番茄酱10克

做法

1 牛肉洗净切块，入沸水焯后沥干备用；番茄、土豆、胡萝卜、洋葱去皮，洗净切块。

2 锅中加适量清水，大火烧开，放入牛肉、葱段、生姜、八角、桂皮、鸡精、黑胡椒粉煮滚，再转小火慢炖。

3 另起油锅，倒入番茄酱，翻炒3分钟，放入番茄块，继续翻炒2分钟，将炒好的番茄汁倒入牛肉汤中，煮开。

4 放入土豆、胡萝卜、洋葱，大火烧开，转小火煮50分钟，出锅前加盐调味即可。

烹饪小窍门

* 这道菜也可加入奶酪碎以及奶油煮成奶汁浓汤，奶味更浓，口味更西式。

* 可将牛肉更换成鱼，制作成番茄鱼汤，其酸味不仅可掩盖鱼的腥味，营养还能互补。

营养师叮咛

* 番茄中的番茄红素的抗氧化能力是维生素E的100倍，能辅助降血脂、增强免疫力。红色熟透了的番茄中番茄红素含量最多。

* 假如不考虑烹饪方法和消化吸收的因素，每天吃20克特高浓度番茄酱，就能获得9毫克番茄红素，如果是依靠吃新鲜的番茄，就得吃掉300克，等于6两番茄。所以用番茄做菜的时候，不妨加一勺番茄酱。

时间 150min　热量 96kcal/100g

萝卜炖牛腩

清香鲜美，妙不可言

饮食宜忌

✕ 中医认为，吃萝卜会影响人参、黄芪等补气药的补益作用。所以在服这类药物期间，不宜吃白萝卜。

092

秋天气候凉爽，我们的精神和胃口逐渐转好，因此从秋季开始就应该适当进补牛羊肉，为严冬做准备了。但是一入深秋，咳嗽的人就多了起来，因为天气一变化，最先受到影响的就是呼吸系统。秋季天气干燥，要多吃如白萝卜、荸荠一类清肺润燥的食物。

白萝卜炖到略微透明时，绵软香甜，鲜嫩多汁，口感极佳，搭配鲜味十足的牛肉，进补却不上火，是秋冬餐桌上必不可少的一道滋补菜肴。

材料

牛腩500克
白萝卜250克

调料

生姜3克　　　　　盐5克

做法

1 牛腩洗净切块，入沸水焯后洗净备用；白萝卜去皮洗净后切丝。

2 锅置火上，加适量清水，放入牛腩、生姜，大火烧开，转小火炖煮2小时。

3 加白萝卜再煮30分钟，起锅前加适量盐即可。

烹饪小窍门

* 最好用稍带些肥肉的牛腩，汤汁有点油水更香，怕膻的朋友可以先把牛腩放在锅里面煎一下。

营养师叮咛

* 白萝卜具有消积导滞、化痰止咳、清热解毒、降脂护胃等功效。老话说"冬吃萝卜夏吃姜，不劳医生开处方"，冬季人们往往吃肉较多，易生痰上火，而白萝卜滋阴润燥、顺气化痰，是冬季的养生佳蔬。

法式红酒炖牛肉

与法兰西来一场最美的邂逅

**饮食
宜忌**

✓ 做这道菜宜选用牛肩胛肉，比较有弹性，适合长时间
炖煮，其次可以选择牛腱子肉或牛腩。

每个女人都应该精学一道菜作为自己的招牌菜，偶尔做一次，就能让家人幸福感升级。红酒炖牛肉，就是一道特别镇得住场面的招牌菜，也是一道经典的法国菜，起源于法国著名葡萄酒产区勃艮第。

在电影《茱莉与朱莉亚》中，红酒炖牛肉是最频繁出现的一道法餐，相信很多人也是因为这部电影了解到这道菜。有人可能会觉得这道菜很"高大上"，其实它是很家常易做的，在家里做选用一般品质的红酒就可以了，但以味道醇厚的为佳。

材料

牛肉500克
胡萝卜200克
洋葱100克

调料

黑胡椒、香叶、草果、
盐各5克
黄油10克　　　红酒15克
牛骨汤200克

烹饪小窍门

＊蔬菜也可以放土豆块和番茄，但是种类不要太多，否则酒味就不够醇厚了。

做法

1 牛肉洗净沥干，切成三四厘米见方的块；胡萝卜、洋葱去皮洗净，切成小块。

2 锅置火上，放油烧至六成热，牛肉煎至表面变棕色后，倒入适量牛骨汤和红酒，加少量香叶和草果。

3 牛肉用大火烧开，转小火炖煮30分钟后，往锅中加胡萝卜、洋葱和一小块黄油，继续炖20分钟。

4 出锅前撒上适量黑胡椒和盐，搅拌均匀即可。

营养师叮咛

＊ 牛肉含有大量的蛋白质、卵磷脂等营养物质。由于环境与自身的细菌作用，也会产生多种腥味物质，如氨气、三甲胺、甲硫醇、硫化氢、吲哚等。以上腥臭物质均为碱性化合物，在烹调时添加适量的酸性的红酒中和，可使腥臭味大为减弱。另外，很多水果中含有柠檬酸、苹果酸等有机酸，也有中和去腥的作用。因此也常见在牛排上挤几滴柠檬汁以去腥增鲜的。

时间 30min

热量 124kcal/100g

黑椒牛扒

滋滋作响的西式大餐

饮食宜忌

☑ 健身的人群和运动员宜常吃牛肉。因为牛肉中的肌氨酸含量比其他食品都高,对增长肌肉、增强力量特别有效。

据说，欧洲中世纪时，猪肉及羊肉是平民百姓的食用肉，牛肉则是王公贵族们的高级肉品。他们用牛肉搭配珍贵的胡椒及多种香辛料一起烹调，并在特殊场合中供应，以彰显主人尊贵的身份。今天，我们在家中就可烹制如此美味，获得贵族般的享受。

煎牛排时，要掌握好生熟度，每5秒钟翻一次面，别煎太老了。西方人喜欢吃三成熟，就是把牛肉切开可以看见血丝。以食物安全起见，建议大家吃七八成熟吧，也比较适合中国人的口味。

材料

牛排2块

西蓝花、胡萝卜、洋葱各50克

玉米粒20克　　鸡蛋2个

调料

盐、黑胡椒各5克

蚝油、黄油各10克

酱油15克　　水淀粉适量

做法

1　牛排洗净沥干，用适量黑胡椒、盐腌制30分钟；西蓝花洗净，切成小朵；胡萝卜去皮洗净，切成厚约0.5厘米的薄片；洋葱去皮洗净，切成小丁；鸡蛋煎熟备用。

2　锅置火上，放一小块黄油融化，待油至五成热时，放入牛排，煎至八成熟后盛盘待用。

3　锅置火上，放油烧至七成热，倒入西蓝花、胡萝卜、洋葱、玉米粒，加少量酱油快炒至熟。

4　锅置火上，倒入适量水淀粉，加蚝油、黑胡椒、盐烧开，熬成浓稠的黑椒汁。

5　牛排、煎鸡蛋、蔬菜摆盘，浇上黑椒汁即可。

烹饪小窍门

＊腌制牛肉和制作黑椒汁时，可以加适量红酒调味，口味更佳。

＊牛排的腌制，一定要用粗粒的盐，比如粗粒海盐。一方面粗粒海盐中含有更多的矿物质，另一方面，粗粒盐不会把咸味腌入到牛排里面去。如果盐分进入肉的内部，水分就会渗出，牛排就会失去鲜嫩的口感，使肉质发柴。

＊可以根据季节，选择多种时令蔬菜搭配。

营养师叮咛

＊中医认为：牛肉有补中益气、滋养脾胃、强健筋骨、化痰息风、止渴止涎的功能。适用于中气下陷、气短体虚，筋骨酸软和贫血久病及面黄目眩之人食用。

时间 15min　　**热量** 133kcal/100g

黑椒牛柳

东西交融的美食灵感

饮食宜忌　　○ 香辛料尤为适宜在膻腥味较浓的动物性原料中使用，去腥增香效果更明显，但是加热时间要控制在3小时之内，如果超过3小时，香味会逐渐减少。

— 美食札记 —

如果喜欢吃黑椒牛排，又觉得做起来太麻烦，那么黑椒牛柳绝对是你的不二选择。"牛柳"这个词来源于粤语，是对牛里脊肉的俗称。当辛辣的黑胡椒与细嫩的牛里脊相遇，立刻碰撞出美味的火花。这道菜不仅菜色鲜艳，牛柳嫩滑的口感也足以让人爱上它。

烹饪过程中，可以多放一些黑胡椒之类的香辛料，它们能使牛肉中的醛、酮等腥味成分发生氧化反应等，使异味减弱，还能提香。但是加热时间要控制在3小时之内，如果超过3小时，香味会逐渐减少。

材料

牛里脊300克

青椒、洋葱各100克

鸡蛋1个

调料

黑胡椒粉、盐各5克

淀粉、花椒油、蚝油、料酒、酱油各10克

做法

1. 牛里脊洗净切片；青椒洗净去子，切成大块；洋葱去皮洗净，切成小块；鸡蛋打成蛋液。

2. 切好的牛柳放入碗中，倒入鸡蛋液，加适量淀粉、花椒油、料酒、盐抓匀，腌制20分钟。

3. 锅置火上，放油烧至七成热，放入青椒和洋葱翻炒一会儿，再倒入牛柳快速滑炒，加适量蚝油、料酒、酱油调味，至牛柳断生后，撒上黑胡椒粉即可出锅。

烹饪小窍门

* 牛柳要炒得嫩滑，有三个关键。一是牛肉提前腌制，让鸡蛋液将牛肉均匀包裹起来，有水有汁的牛肉吃起来才会嫩。二是封油，用淀粉和花椒油，将牛柳中的水分牢牢锁住，以此对抗高温油锅。三是火候的把控，下锅翻炒的时候火候要旺，动作要快。

营养师叮咛

* 炒黑椒牛柳，一定要加洋葱才好吃。根据皮色，洋葱可分为白皮、黄皮和紫皮三种，从营养价值的角度评估，紫皮洋葱的营养更丰富。多吃洋葱，可以预防癌症、维护心血管健康、增进食欲、促进消化，还能杀菌、抗感冒。

时间
30min

热量
94kcal/100g

水煮牛肉

凭此一菜纵横天下

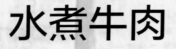

饮食
宜忌

缺铁性贫血患者宜多吃牛肉。因为牛肉中铁元素含量较高，并且是人体容易吸收的动物性血红蛋白铁，补血效果极佳。

水煮牛肉是著名川菜。白、红、绿、黄四色相映，色彩鲜艳。牛肉肥嫩异常、油而不腻，汤汁麻辣鲜香、红得发亮。

水煮牛肉中的牛肉片，不是用油炒熟的，而是在热汤中烫熟的，故名水煮牛肉。牛肉片要切得厚薄均匀，下热汤锅滑至颜色转白断生即起锅，以免肉质变老。配菜不是很讲究，常配的有白菜、黄豆芽、莴笋、黄瓜、芹菜等。但不建议用生菜，因为生菜炒后颜色容易变黑，而且有股苦味。由于此菜麻辣口味较重，故多为秋冬两季食用。

材料

牛里脊肉400克

莴笋200克

黄瓜200克　　　鸡蛋2个

调料

干辣椒两三个

蒜末、花椒各10克

淀粉、盐各5克

豆瓣酱、料酒各10克

做法

1 将牛里脊肉洗净切片，放适量淀粉、料酒、盐，再倒入打匀的蛋液拌匀上浆，静置15分钟入味。

2 莴笋去皮洗净，切成薄片；黄瓜洗净后切段；花椒、辣椒分两份，一份拍碎，一份切成细末。

3 锅置火上，放油烧至七成热，倒入花椒碎、干辣椒碎小火慢炸，待辣椒呈金黄色时将二者捞出，花椒油倒出备用。

4 锅置火上，倒入部分花椒油烧至八成热，下豆瓣酱炒香后，放入莴笋、黄瓜炒熟，铺在碗底。

5 锅中加适量清水，大火烧开，倒入牛肉后转中火，用筷子轻轻拨散，变色后即捞出，铺在蔬菜上，倒入少量汤汁，撒上蒜末、花椒末、辣椒末。

6 剩余的花椒油烧开，将热油淋在肉片上即可。

烹饪小窍门

* 牛肉的选材很关键，应选择无筋、无皮、无油、无脂的肉为最佳，牛里脊肉或牛后腿肉均可。

* 可以先用刀背将牛肉的纤维拍散，再用淀粉和蛋液包裹，这样做出来的牛肉更加滑嫩。

营养师
叮咛

* 水煮牛肉特别招大家喜爱，除了因为这道菜特别香辣外，还有一个重要的原因：现代人的生活压力越来越大，越是压力大，越是吃东西没味道，口味很重。而刺激浓重的口味，会增加胃肠的负担，因此，在吃这道菜时，建议搭配清淡的小菜来调节，第6章中就有不错的选择。

时间 30min　热量 113kcal/100g

咖喱牛肉

浓香热烈的印巴风情

饮食
宜忌

切牛肉时，宜逆着肌肉纹理切，因为牛肉的纤维组织较粗，结缔组织又较多，应横着将长纤维切断，不能顺着纤维组织切，否则不仅没法入味，还嚼不烂。

这 道菜色泽金黄，咖喱香味浓郁，牛肉酥烂可口。

咖喱做的菜式已经成为亚太地区的主流菜肴。"咖喱"一词来源于印度的泰米尔语，是"许多香料加在一起煮"的意思，常见于印度菜、泰国菜和越南菜等东南亚地区的菜系，一般伴随肉类和饭一起吃。据说起初是因为印度的肉食以膻味极浓的羊肉为主，单一种香料不能去其膻味，因此就用多种香料粉末组合而成的浓汁来烹调。后来咖喱传入了以肉食为主的欧洲各国，盛行至今。

材料

牛腩300克　　　土豆200克

胡萝卜100克

调料

生姜3片　　　　大蒜3瓣

咖喱、盐各5克

做法

1 牛腩洗净，切成两三厘米见方的块；土豆、胡萝卜去皮洗净，切成小方块。

2 锅置火上，放油烧至六成热，先下生姜、大蒜爆香后，放入牛腩炒至变色。

3 加入土豆、胡萝卜一块翻炒均匀，倒入适量清水没过食材，放适量咖喱，大火烧开后转小火焖煮20分钟。

4 待汤汁黏稠，撒上适量盐调味即可出锅。

烹饪小窍门

* 咖喱要放足，土豆和胡萝卜要煮至软烂，这样才能入味。

* 要使汤汁更香浓，可以将清水换成椰汁或牛奶。

营养师叮咛

* 咖喱的主要成分是姜黄粉、川花椒、八角、胡椒、桂皮、丁香和香菜子等含有辣味的香辛料，有以下几种功效：一是能促进唾液和胃液的分泌，增加胃肠蠕动，增进食欲；二是能促进血液循环，从而达到发汗解表的目的；三是能协助伤口愈合、预防老年痴呆症；此外，咖喱还能改善便秘，有益于肠道健康。

时间 160min　　热量 56kcal/100g

牛肉罗宋汤

海派西餐中的必学菜

饮食
宜忌

⊗ 煮牛肉时不宜频繁揭盖子，这样不仅会引起温度
变化，而且肉中的芳香物质会随着水汽蒸发掉，
使香味减少。

罗宋汤是发源于乌克兰的一种浓菜汤。成汤以后冷热兼可享用，在东欧或中欧很受欢迎。"十月革命"时，罗宋汤传入上海，上海人按自己的口味改良了罗宋汤，使之成了海派西餐中著名的一道美食。

罗宋汤喝起来酸中带甜、甜中飘香、鲜滑爽口，让人赞不绝口。常以番茄为主料，加入土豆、胡萝卜、菠菜和牛肉块、奶油等熬煮。汤汁色彩鲜艳，还带有微微酸甜的口感，是炎炎夏日中一道恢复食欲的清新汤品，搭配全麦面包，简单又好吃。

材料

牛肉120克　　　　香肠半根

圆白菜半个

胡萝卜、土豆、洋葱各1个

番茄2个　　　　西芹2根

调料

盐、白糖、胡椒粉各5克

面粉10克

番茄酱、奶油各15克

做法

1　牛肉洗净切块，入沸水焯后沥干备用；土豆、胡萝卜、番茄去皮洗净切块；圆白菜切条；洋葱切丝；芹菜切丁；香肠切片。

2　锅中加适量清水，放入牛肉，大火煮开，转小火熬煮，撇去浮沫。

3　另起锅，放入奶油，烧热后放入土豆翻炒1分钟，放入香肠翻炒2分钟，放入其他食材，倒入番茄酱，翻炒2分钟后倒入牛肉汤中，煮2小时。

4　炒锅洗净擦干，放入面粉，干炒至微黄，倒入牛肉汤中，搅拌均匀，继续煮20分钟。

5　出锅前加盐、白糖、胡椒粉调味即可。

烹饪小窍门

＊番茄酱的酸味较重，可以加一小勺白糖来缓和酸味，也可以用一半番茄酱，一半新鲜番茄切碎翻炒出汁来代替。

营养师叮咛

＊罗宋汤是发源于乌克兰的一种浓菜汤，加入了牛肉和多种蔬菜，搭配全麦面包或者黑面包食用，味道十分醇厚，是西方人常食用的汤品之一。经常食用可增强抵抗力、补虚强身、延缓衰老、健胃消食。

夫妻肺片

川蜀的滋味，火辣辣的情

饮食
宜忌

✓ 牛心、牛肚的蛋白质含量高，适宜于病后虚羸、气血不足、营养不良的人食用。

✗ 牛杂的蛋白质及胆固醇含量较高，老年人、儿童、消化力弱的人不宜多吃。

据说在20世纪30年代，四川成都有一对摆小摊的夫妇，因制作的凉拌肺片精细讲究，小生意做得红红火火，一时顾客云集，供不应求。由于采用的原料都是牛的内脏，大都是不食动物内脏的回民所不要的，所以当时被称作"废片"。公私合营后，夫妇俩的生意被并入成都市饮食公司，公司觉得"废片"二字不雅，便将"废"改为"肺"字，并注册了"夫妻肺片"这个名称。夫妻肺片红油重彩，颜色透亮，放入口中，顿时便觉麻辣鲜香、软糯柔靡、细嫩化渣。

材料

牛肉、牛舌、牛头皮各100克
牛心150克　　　牛肚200克

调料

芹菜20克
生姜、盐、花椒面、芝麻、八角、大茴香、小茴香、草果、桂皮、丁香、红油辣椒各5克
花生米、香油各15克。

做法

1 将牛肉切成块，与牛舌、牛心、牛头皮、牛肚一起洗净备用；将芹菜洗净，切成1厘米长的小段。

2 锅置火上，加适量清水没过牛肉与牛杂，放入八角、大茴香、小茴香、草果、桂皮、丁香、生姜、盐，先用大火烧开，然后转小火，炖煮至牛肉、牛杂熟而不烂，捞起晾凉，切成大薄片备用。

3 芝麻、花生米炒熟，一起压成碎末备用。

4 切好的牛肉、牛杂摆盘，撒上适量花椒面、芝麻碎、花生碎和芹菜，搅拌均匀，浇上少量红油辣椒和香油即成。

烹饪小窍门

＊牛肉、牛杂必须反复洗净，去除异味。

＊炖煮牛肉和牛杂的时间和火候要掌握好，熟而有肉的韧劲是这道菜的最佳口感。

营养师叮咛

＊夫妻肺片食材丰富，能温补脾胃、补血通经、保护胃黏膜、增强抵抗力、促进人体生长发育。

时间 190min

热量 246kcal/100g

酱牛肉

佐酒千杯少，一酱最难求

美食札记

在家里招待客人，喝酒唠嗑的时候，怎么能少得了这道佐酒佳品。既然叫酱牛肉，这道菜的精髓自然在于牛肉的选择和酱料的调制。优质的酱牛肉，色泽酱红，油润光亮，少量牛筋色黄而透明，肉质紧实，切片后保持完整不会松散，而且咸淡适中，酱香浓郁，就算肉已下肚，嘴里还能留有酱汁的余香。

材料

牛腱子肉500克

调料

丁香、花椒、香叶、豆蔻、桂皮、草果、八角、白糖各5克

葱段10克

料酒、酱油各15克

生姜3片

做法

1 牛腱子肉洗净，切成两大块，放入清水中浸泡2小时，期间换两次水；所有香辛料用清水冲洗干净，用布包封好做成香料包。

2 锅置火上，加适量清水，放入牛肉、香料包、葱段和生姜，加适量料酒、酱油和白糖，大火烧开后，转小火慢炖2小时，再关火浸泡1小时。

3 牛肉捞出沥干，待冷却后切片装盘即可。

营养师叮咛

* 这种用酱油来酱牛肉的做法，是南方地区酱牛肉的做法，而在北方地区，酱牛肉多半用的是黄豆酱和甜面酱。用发酵的酱料来制作酱牛肉，不仅营养物质更加丰富，酱出来的牛肉也酱香十足，越嚼越香。

烹饪小窍门

* 切片时要垂直于纤维的走向，这样肉片就不会散开。

* 酱牛肉最好选择牛腱子肉，此部位牛筋较多，更有嚼劲。

* 炖牛肉时可以放几个山楂，更容易煮熟。

PART

04

鸡鸭篇

不可辜负的舌尖美味

时间 35min

热量 188kcal/100g

白切鸡

爽滑鲜嫩味至纯

饮食宜忌 ⊗ 鸡肉性温，多食容易生热动风，因此外感发热、热毒未清或内热亢盛者不宜多食。

白切鸡属浸鸡类，是两广地区非常出名的家常菜，更是农村红白喜事中不可缺少的菜，以其制作简易、刚熟不烂、不加调料且保持原汁原味为特点。白切鸡又名"白斩鸡"，清代人袁枚在《随园食单》中称之为白片鸡，说它有"太羹元酒之味"（即原汁原味）。

成菜色洁白带油黄，具有葱油香味，食时可以蘸芥末酱、酱油。粤菜厨坛中，鸡的菜式有两百余款之多，而最为人常食不厌的正是白切鸡，其皮爽肉滑，大筵小席皆宜，深受人们青睐。

材料

肥嫩雏母鸡1只（约800克）

调料

盐5克	葱丝10克
生姜泥10克	料酒20克
熟花生油适量	

做法

1 锅置火上，加适量清水和料酒，烧至微沸。
2 宰净的鸡放入锅中浸没，每5分钟提出一次，一共约浸15分钟。
3 迅速将鸡放入冰水中浸没，冷却，然后倒去冰水，晾干表皮，涂上熟花生油。
4 将葱丝、生姜泥放入碗中，加适量盐拌匀，淋上七八成热的油，制成蘸料。

烹饪小窍门

* 做白切鸡有三个要点，一重选鸡，二重煮鸡，三重配味。
* 最好选择子鸡来制作。浸烫鸡的具体时间要视鸡的大小、肥瘦来决定，一般在15～25分钟。
* 鸡肉长时间加热，水分流失，鸡肉就会发硬发老，口感不佳，所以要用沸水将鸡浸烫熟。
* 可蘸酱油、蒜末食用，风味独特。

营养师叮咛

* 白切鸡的做法简单，而越简单的，营养保留越完整。少动刀，少过手，少用油，少放盐，不光能吃到食材的本味，还会防止营养物质的过多流失。

时间
30min

热量
132kcal/100g

盐焗鸡

久负盛名的客家招牌菜

—— 美食札记 ——

盐焗鸡是客家招牌菜式之一。盐焗鸡的形成与客家人的迁徙生活密切相关。南迁过程中，为便于贮存、携带食物，客家人便将活鸡宰杀，放入烧热的盐包中焗熟，从而形成了外表澄黄油亮、皮软肉嫩、爽滑鲜嫩、香而不腻的特色美食。配以姜油或香油食用，还有凉血润燥、滋肾通便、温脾暖胃的功效。

材料

三黄鸡1只

粗海盐1500克

调料

盐焗鸡粉10克

白酒15克　　　沙姜3片

做法

1. 三黄鸡洗净沥干，用盐焗鸡粉、白酒将鸡里外涂抹均匀。
2. 沙姜放入鸡腹中，腌制1小时后，再用铝箔纸将鸡包裹严实。
3. 锅置火上，倒入粗海盐，中火将盐粒炒至滚烫后，将鸡完全埋入粗盐中。
4. 用中火焗15分钟后，将鸡翻面再焗5分钟即可。

营养师叮咛

* 鸡要洗净抹干以后再上料，风到越干越好，避免水分太多，溶解过多的盐，使鸡肉过咸，以达到控制盐摄入量的目的。

烹饪小窍门

* 铝箔纸上刷一层油再包鸡，取出时鸡皮就不会粘在铝箔纸上。
* 焗烤的火力不要太大，以免鸡皮焦煳。

时间 130min   **热量** 98kcal/100g

小鸡炖蘑菇

白山黑水乡土味

主料

肥母鸡1只	榛蘑50克

调料

盐5克	
枸杞子10克	葱段6克
生姜5片	大枣5个

做法

1. 鸡洗净斩块待用；榛蘑洗净，用清水浸泡30分钟；枸杞子用清水泡10分钟。

2. 锅置火上，放油烧至五成熟，放葱段和生姜爆香，倒适量清水，放入鸡块、榛蘑和大枣，大火煮开后，转小火炖2小时。

3. 加入枸杞子再煮5分钟，撒适量盐即可出锅。

营养师叮咛

烹饪小窍门

* 如果用干蘑菇，要彻底涨发，然后洗净。如果条件许可，可以干鲜蘑菇各一半，味道更加鲜美。

* 东北菜喜欢将各类食材放在一起炖煮，热呼呼的炖锅，很适合北方严寒的冬季。但在炖煮时，一定要弄清食材下锅的顺序，肉和根茎类蔬菜、豆制品可以先下锅，叶菜类要在出锅前3分钟下锅，这样能减少蔬菜中维生素的流失。

时间 45min　热量 175kcal/100g

三杯鸡

流传百年的经典赣菜

饮食宜忌

中医认为，鸡肉有温中益气、补虚填精、健脾胃、活血脉、强筋骨的功效，因此营养不良、畏寒怕冷、乏力疲劳、月经不调、贫血虚弱等人群宜经常食用。

一杯鸡是江西的特色菜，因烹调鸡块时加入甜米酒、猪油、酱油各一小杯，故名三杯鸡。

三杯鸡传到台湾后，台湾人对它进行了小改造，将油腻的猪油换成了清淡的植物油，还加入了一种独特的香料九层塔。这种香料其实就是西餐中常用的罗勒，广泛生长在热带地区，有种特别浓烈的香味儿，在台湾是广泛使用的香料。台湾有句俗语："九层塔，十里香。"罗勒的加入，使得这道三杯鸡别具风味，广受欢迎。

材料

鸡肉500克

调料

白糖5克	罗勒10克
葱段20克	
米酒、酱油、香油各15克	
生姜10片	大蒜5瓣

做法

1 鸡肉与少量生姜放入冷水锅中，大火煮开，焯烫一小会儿后捞出沥干，将鸡肉斩块；罗勒洗净备用。

2 锅置火上，放油烧至七成热，放入葱段、生姜、大蒜爆炒出香味，倒入鸡肉一同翻炒。

3 至鸡肉变色后，倒入米酒、酱油、白糖炒匀，放入罗勒，加盖小火焖煮30分钟。

4 待汤汁快收干时，淋上少量香油即可。

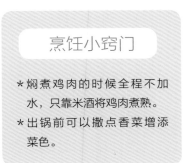

烹饪小窍门

＊焖煮鸡肉的时候全程不加水，只靠米酒将鸡肉煮熟。

＊出锅前可以撒点香菜增添菜色。

营养师叮咛

＊ 罗勒在西餐和泰国菜中都是上品调料，在潮汕一带和江西客家地区，罗勒被称作"金不换"或"九层塔"，也是三杯鸡不可少的调味料，其具有疏风解表、化湿和中、行气活血、解毒消肿之效，烹饪肉类食材时的使用频率极高。

时间 40min 热量 189kcal/100g

重庆辣子鸡

———

只因一道菜，爱上一座城

饮食
宜忌

⊗ 有发热、便秘、鼻血、口干舌燥、咽
喉肿痛等热证者，不宜过多吃辣，否
则会加重症状。

辣子鸡是一道颇具特色的川渝菜肴，以重庆歌乐山的辣子鸡最为出名。据说是 20 世纪初由歌乐山的一个小饭店里的师徒二人创制出来的。正宗的重庆辣子鸡，辣椒能全部把鸡盖住，我们在家制作，可根据个人口味添加干辣椒和花椒。

此菜色泽棕红油亮，麻辣味浓，鸡块虽被油处理过，可是却不干、咬起来也不费劲儿，一口下去，鲜嫩多汁，独有的辣味充斥唇齿之间，吃一块要连呼几口气，却又手举筷子欲罢不能，让人吃得连呼过瘾！

材料

鸡肉500克

干辣椒100克　　花椒30克

调料

盐、熟白芝麻各5克

葱段10克　　　生姜3片

料酒、酱油各15克

做法

1　鸡肉洗净斩块；干辣椒切成小段。

2　将鸡块放入碗中，加料酒、酱油、盐腌制20分钟。

3　锅置火上，放油烧至七成热，将腌好的鸡块下锅炸至金黄色后捞出，沥油冷却后再入锅复炸一遍，使鸡块表面更酥脆。

4　锅中留底油，烧至八成热，放入葱段、生姜爆香后，加入干辣椒和花椒，炒出麻辣香味。

5　倒入鸡块一同翻炒，出锅前撒上适量白芝麻即可。

烹饪小窍门

* 炸鸡前往鸡肉里撒盐，一定要撒足，如果炒鸡的时候再加盐，盐味是进不了鸡肉的，因为鸡肉的外壳已经被炸干，质地比较紧密，盐只能附着在鸡肉的表面，影响味道。

* 鸡块要斩得大小均一，不宜过大或过小，过大的鸡块不易炸熟炸透，过小的鸡块则容易炸焦。

营养师叮咛

* 川渝地区因地处盆地，气候潮湿，适量吃辣椒能温中健胃、散寒燥湿、解表发汗。辣椒的辣味还能刺激食欲，促进胃肠道的消化功能，缓解食欲不振等症状，对于温胃驱寒也有很好的效果。

时间 **50min**　热量 **122kcal/100g**

新疆大盘鸡

疆域风光美，尽在一盘中

饮食宜忌

⊗ 大盘鸡里的洋葱不宜做得过于熟烂，以免丧失洋葱的保健价值。

⊗ 患有皮肤瘙痒性疾病、眼疾以及肺胃发炎者不宜多吃洋葱。

　　　说到新疆大盘鸡，就让人想起那块大绵软的土豆、香气十足又带点微辣的鸡块。和宽面组合，又能摇身变成一道快捷又营养的大盘鸡面。

　　新疆大盘鸡的来源说法多样，真实的来源已无法考证，美食专家认为，这道菜的做法吸收了西北多省的烹饪方法和饮食习惯，是多地区、多民族的饮食文化结晶。成菜色彩鲜艳，辣中有香，粗中带细，而且经济实惠，其创新融合恰恰到好处，让人胃口大开。

材料

鸡肉500克　　　　土豆300克
洋葱200克

调料

香菜10克
八角、香叶、花椒、料酒、
白糖、盐各5克
青椒、红椒各2个
大蒜3瓣

做法

1　鸡肉洗净斩块，放入冷水锅中，大火烧开后焯烫一会儿，捞出沥干；土豆、洋葱洗净去皮，切块；青椒、红椒洗净，切成大块。

2　锅置火上，放油烧至七成热，放入大蒜、八角、香叶、花椒炒出香味后，倒入鸡块翻炒5分钟。

3　往锅中加适量清水、料酒、白糖炒匀，大火煮开后转小火煮20分钟。

4　加入土豆、洋葱焖煮15分钟后，放入青椒、红椒煮2分钟，出锅前撒上适量盐和香菜即可。

烹饪小窍门

* 鸡肉选择很重要，使用三黄鸡或者鸡腿肉这些肉质较嫩的可以保证口感。
* 喜欢汤汁多的可以多放点水，做成大盘鸡拌面。

营养师
叮咛

* 鸡肉肉质细嫩，滋味鲜美，并富有营养，有滋补养身的作用，能温中补脾，益气养血。大盘鸡里面最重要的调料就是洋葱，洋葱里的硫化合物是强有力的抗菌剂，能杀死多种细菌。

时间 90min

热量 197kcal/100g

荷叶糯米鸡

绿荷卷清香，珍珠藏肉鲜

饮食宜忌 ⊗ 糯米富含支链淀粉，而胃里没有能消化支链淀粉的消化酶，只有在肠道才能被消化，所以我们常常说糯米不好消化。消化能力弱的老人和儿童不宜多吃糯米。此外，糯米粥里的支链淀粉被加热糊化以后，消化迅速，需要控制血糖的人也不宜食用。

糯米鸡是广东早茶里的传统名点之一，相传起源于解放前广州的夜市，最初是以碗盖着蒸熟而成，后来小贩为方便肩挑出售，改为以荷叶包裹。

糯米的黏、鸡肉的滑、香菇的鲜、荷叶的香，在一炒一蒸之间，相互交糅、相互渗透。拆开荷叶时清香扑鼻，糯米润滑可口，鸡肉的味道完全渗透到糯米之中，鲜味四溢，开胃爽口，风味独特。如果没有条件取新鲜的荷叶作原材料，可以在夏天时收集一些荷叶洗净晒干，需要时再拿出来用凉水泡软就可以了。

材料

糯米100克　　　子鸡1只
鲜荷叶2张

调料

猪后腿肉丁、虾仁、
香菇丁各30克
葱段10克，五香粉、盐、
白糖各5克
料酒、酱油各15克
生姜5片

做法

1　子鸡宰杀洗净，斩块；糯米洗净，放清水中浸泡2小时；荷叶洗净，用70℃的温水烫洗一下。
2　子鸡放入盆中，加葱段、生姜、五香粉、料酒、酱油、白糖搓揉均匀，腌制2小时。
3　锅置火上，放油烧至六成热，放入猪后腿肉丁、虾仁、香菇丁，加适量盐炒香，盛出备用。
4　将炒好的调料与鸡块、糯米搅拌均匀，包在荷叶中，上锅用大火蒸10分钟后，转中火蒸1小时，再关火闷15分钟即可。

烹饪小窍门

＊糯米鸡用荷叶包好后，用牙签固定才不会散开。
＊可以依个人喜好加食材，例如干贝、胡萝卜、牡蛎干等。

营养师叮咛

＊糯米营养丰富，富含碳水化合物、B族维生素及锌、硒、钙等矿物质，是一种温和的滋补品，有补虚、补血、健脾暖胃、止汗等作用。

时间
15min

热量
197kcal/100g

宫保鸡丁

出身名门气自华

饮食
宜忌

Ⓥ 中医认为，鸡肉具有补精填髓的功效，对于由肾精不足而导致小便频繁、耳聋、精少精冷的男性，宜常吃鸡肉来改善。

相传宫保鸡丁是由清朝山东巡抚、四川总督丁宝桢所创。他对烹饪颇有研究，喜欢吃鸡和花生米，并尤其喜好辣味。他在山东为官时曾命家厨改良鲁菜"酱爆鸡丁"为辣炒，后来在四川总督任上时将此菜推广开来，成为了人们熟知的宫保鸡丁。

这道菜选用鸡肉为主料，佐以花生米、黄瓜、辣椒等辅料烹制而成，红而不辣、辣而不猛、香辣味浓、肉质滑脆。虽然不是山珍海味，不过其调味搭配不好掌握，需要勤加练习，才能做到恰到好处。

材料

鸡胸肉300克

炒花生米、黄瓜丁、
胡萝卜丁各30克

调料

白糖、花椒、干辣椒、
盐各5克

水淀粉、蚝油、料酒、酱油、
香醋各10克

做法

1　鸡胸肉洗净切丁，放入水淀粉、料酒、酱油、盐搅拌均匀，腌制20分钟。

2　锅置火上，放油烧至八成热，放入干辣椒、花椒爆香后，放入鸡丁和胡萝卜丁，加适量蚝油、料酒、香醋、白糖翻炒均匀。

3　至鸡肉变色后，再放入炒花生米、黄瓜丁翻炒匀即可。

烹饪小窍门

＊这道菜全程要大火，煸炒鸡丁不能久，否则鸡肉的口感会老，变色了就要准备出锅。

＊炒花生米要在出锅前再下，翻炒均匀后即可盛出，否则就不酥脆了。

营养师叮咛

＊鸡肉富含优质蛋白质，常吃鸡肉可以提高机体免疫力、帮助修补机体组织细胞、维持正常的生长发育和新陈代谢。鸡肉还含有对人体生长发育有重要作用的磷脂类，是中国人膳食结构中磷脂的重要来源之一。

時间 30min　热量 224kcal/100g

奥尔良烤鸡翅

风靡全球，年轻人的心头好

饮食宜忌

⊗ 鸡翅烤制味道肥美，是因为鸡翅是鸡肉当中脂肪含量较高的部位，所以，需要控制体重的人，每顿不宜超过2个鸡翅中。

奥尔良烤鸡翅，一种带有奶香，味道偏甜口的烤翅，最早出现在西洋快餐店里，主要由甜、咸、酸三种核心味道组成。成品表面富有光泽，饱满的鸡肉散发着鲜香味，非常引人食欲。甜味与辣味很好地融合在一起，相互衬托，回味十足。

带有异域神秘感的奥尔良烤翅深受年轻一代的喜爱与追捧。在家里自制的奥尔良烤翅比西餐店的做法简易了许多，但尝起来的味道却一点也不逊色。

材料

鸡翅中10个

调料

盐、孜然粉、五香粉、黑胡椒粉各5克

蜂蜜、酱油、料酒各15克

橄榄油适量

做法

1. 鸡翅洗净放入碗中，加入适量五香粉、黑胡椒粉、酱油、料酒、盐抓匀，用保鲜膜包好，放入冰箱冷藏12小时。
2. 烤盘铺上铝箔纸，摆上鸡翅，鸡翅上刷适量蜂蜜水和橄榄油。
3. 烤箱预热到190℃，上下火烤15分钟后，取出烤盘将鸡翅翻面，刷一层蜂蜜水，放入烤箱再烤15分钟。
4. 鸡翅烤熟后撒上适量孜然粉即可。

烹饪小窍门

* 腌制鸡翅时可用牙签在鸡翅上戳洞，能腌得更入味，不要用斜刀切，这样容易丢失水分。
* 可以在铝箔纸上刷一层油，以免鸡皮粘在铝箔纸上。

营养师叮咛

* 烤箱的温度不要超过200℃，防止食物因高温产生不利于身体健康的物质，同时也避免了鸡翅被烤焦，影响口感。
* 最好使用橄榄油。橄榄油因为其抗氧化性能和很高的不饱和脂肪酸含量，使其在高温时化学结构仍能保持稳定，适合用来烧、烤、煎、炸。

时间 30min　　热量 182kcal/100g

可乐鸡翅

混搭有新意，创新出美味

饮食
宜忌

⊗ 鸡翅的脂肪含量较高，高胆固醇血症、肥胖人群不宜多吃。

⊗ 可乐含糖量较高，糖尿病患者不宜多吃。

过去，红烧鸡翅时常用焦糖来上色。传说山东济南的一个餐厅，厨师在做红烧鸡翅时偶然打翻可乐到锅里，发现用可乐上色更方便，且具有特殊的香气，于是由此传开。

可乐鸡翅色泽鲜艳，咸甜适中，制作起来还方便快捷，不仅没有熬制焦糖的繁琐程序，做出来的鸡翅还鲜美嫩滑，微微带着可乐的香气，不要说小孩子了，就是大人也无法抵抗这样的美味。有许多人不喜欢鸡翅的那股腥味，可以先用牙签在鸡翅上扎几个孔，再提前半小时腌制，这样做出来的鸡翅就没有腥味啦。

材料

鸡翅中10个

可乐250毫升

调料

葱段10克　　蒜末5克

酱油15克　　生姜3片

做法

1 鸡翅中洗净放入碗中，加适量酱油、蒜末腌制30分钟。

2 锅置火上，放油烧至五成热，放入鸡翅煎至两面金黄。

3 加入葱段、生姜翻炒，倒入可乐盖过鸡翅，大火烧开后转小火焖煮至汤汁黏稠即可出锅。

烹饪小窍门

* 如果爱吃辣可以加少量的干辣椒。

* 腌制时可以用牙签在鸡翅上多扎几下，便于入味。但不要用刀割口子，否则会使鸡翅中的水分丢失，口感变柴。

* 可乐要溜着锅边倒，这样不容易起泡沫。大火让可乐开起来就改小火，炖时要注意观察，让可乐汁黏稠起来，掌握好火候，不要糊锅。

营养师
叮咛

* 可乐里面的酸味，能祛除鸡翅的腥味，而可乐里的甜味，又突出了鸡翅的鲜味，酸甜口的饮料，其实都可以拿来尝试烧鸡翅，如果是果味饮料的话，还能让鸡翅果香四溢。

* 做可乐鸡翅要用一般的可乐，不要用低糖可乐，因为那里面加了甜味剂，加热后会有苦味。

时间 120min

热量 265kcal/100g

香酥鸭

酥香一口已忘言

饮食宜忌

Ⓥ 民间认为鸭是"补虚劳的圣药"。身体虚弱、病后体虚、营养不良性水肿患者宜常吃鸭肉。

香酥鸭是一道汉族传统名菜。1954年7月，周恩来总理在日内瓦会议结束以后，设宴招待瑞士的社会名流。当卓别林吃到这道"香酥鸭"时，赞不绝口，称赞它是"令人终身难忘的美味"。

传统"香酥鸭"的制作工序主要有三道：即先将鸭子腌渍入味，再入笼蒸熟，然后下锅油炸而成。"香酥鸭"虽然皮酥肉嫩，味道鲜香，但是色泽暗沉，菜色不大美观。受粤菜"脆皮炸"的启发，这里稍微做了一点改进，即在下锅油炸之前先涂上一层脆皮浆，使成菜色泽由棕红变成了大红，且更加酥香浓郁。

材料

鸭1只　　　　　鸡蛋3个

调料

桂皮、八角、小茴香、花椒各5克

葱段、淀粉各10克

料酒、酱油各15克

生姜5片

做法

1 鸭子洗净，掏去内脏，用桂皮、八角、小茴香、花椒、料酒、酱油腌制2小时。

2 将葱段、生姜塞入鸭腹，上锅蒸90分钟至鸭肉八成熟，鸭子取出晾干。

3 鸡蛋取出蛋清，打至发泡后，加入清水和淀粉，调匀成雪花糊，均匀涂抹在鸭皮上后，将鸭子放入七成热的油锅中炸至表面微黄后捞出晾凉。

4 鸭子回锅复炸至金黄色，出锅后切片即可。

烹饪小窍门

* 鸭子不要选择体形太大的，最好选肉质较嫩的鸭子。

* 盛蛋清的容器要洁净，不能有油、盐和水，用筷子顺着一个方向搅打，一气呵成，打成雪花状，以插入筷子立定不倒为度。

* 炸鸭时因油温较高，故要快落快起。

营养师叮咛

* 鸭肉富含B族维生素和维生素E，其脂肪酸主要是不饱和脂肪酸和低碳饱和脂肪酸，易于消化。此外，鸭肉中的脂肪不同于其他动物油，其各种脂肪酸的比例接近理想值，其中饱和脂肪酸的含量明显比猪肉、羊肉少，有一定的保健作用。

时间 90min　热量 233kcal/100g

啤酒鸭

酒酣方知滋味足

饮食宜忌　⊗ 鸭肉性凉，素体虚寒，因受凉引起不思饮食、胃部冷痛、腹泻清稀以及寒性痛经者应少食。

鸭肉与啤酒一同炖煮成菜，不仅鸭肉香味更加浓厚，还带有一股啤酒的清香。用啤酒炖煮鸭肉，不要加水，汤汁刚开始时会有很浓的啤酒味，久煮后酒味就会渐消，只吃鸭肉不喝汤，并不会醉人。

鸭皮油多，所以无需加太多油，一点点能炒香调料即可，也可以用剔下来的多余的鸭油煸炒。小火慢慢煸炒鸭肉，可以使鸭油析出，口感也会更清爽，待鸭熟以后再加盐，否则很容易使得鸭肉收紧，肉质不够鲜嫩。

材料

鸭1只

啤酒500毫升

调料

八角、盐各5克　葱段10克

料酒、酱油各15克

青椒、红椒各1个

生姜10片

做法

1　鸭子洗净斩块；青椒、红椒洗净切块。
2　鸭肉放入碗中，加入葱段、生姜、料酒、酱油，腌制20分钟。
3　锅置火上，放油烧至七成热，放入八角炒香后，倒入腌制好的鸭肉，小火慢慢煸炒至鸭油析出，再倒入适量酱油上色。
4　往锅中倒入啤酒没过鸭肉，小火焖1小时。
5　收汁后加入青椒、红椒翻炒至熟，加盐调味即可。

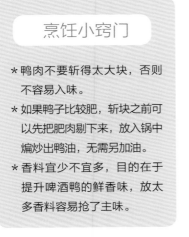

烹饪小窍门

* 鸭肉不要斩得太大块，否则不容易入味。
* 如果鸭子比较肥，斩块之前可以先把肥肉剔下来，放入锅中煸炒出鸭油，无需另加油。
* 香料宜少不宜多，目的在于提升啤酒鸭的鲜香味，放太多香料容易抢了主味。

营养师叮咛

* 啤酒入菜，酒的蒸发能带走鸭肉的腥味，同时使得肉质更嫩，而啤酒里的酵母能和鸭肉产生特殊的香气。
* 鸭肉中的脂肪酸熔点低，易于消化。所含B族维生素和维生素E较其他肉类多，能有效抵抗脚气病，神经炎和多种炎症，还能抗衰老。

姜母鸭

气血双补的福建名吃

饮食宜忌

⊘ 风寒感冒患者宜适量进补姜母鸭。

⊘ 姜是助阳之品，体质偏寒的人适宜食用。

据《中国药谱》及《汉方药典》两书所载，我国古代君王为了强身健体、延年益寿，让御医专门研究滋养之道。到了商朝，一个名叫吴仲的御医研究出了这道姜母鸭，食用后人精神非常好，好像全身经脉都舒畅了，因而大受君王赞赏，被奉为滋养进补圣品。

闽南人素有冬日进补的习俗，除了牛羊肉外，传统美食姜母鸭也受到不少人的钟爱。它由正宗的番鸭配上三年的姜母，加米酒炖到酥烂，热呼呼地吃上一碗，一股暖流立刻从内而外蔓延开来，非常舒服。

材料

番鸭1只　　　　老姜100克

调料

冰糖、枸杞子、黄芪各10克

米酒、酱油各15克

做法

1. 番鸭洗净斩块；老姜洗净切厚片；枸杞子、黄芪洗净，用清水浸泡。

2. 锅置火上，放油烧至七成热，放入老姜煸炒出香味后，倒入鸭块不停翻炒。

3. 炒出鸭油后，加入适量米酒、酱油炒匀。

4. 往锅中加入适量清水没过鸭肉，放入枸杞子、黄芪和少量冰糖，小火炖煮2小时即可。

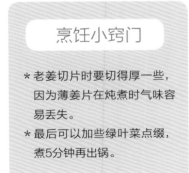

烹饪小窍门

* 老姜切片时要切得厚一些，因为薄姜片在炖煮时气味容易丢失。

* 最后可以加些绿叶菜点缀，煮5分钟再出锅。

营养师叮咛

* 老姜除腥热身，鸭肉滋阴降火，二者搭配，使得此道药膳气血双补、滋而不腻、温而不燥。春夏食之祛暑湿，秋冬食之祛肺燥，具有补气养血、养胃健脾、舒筋活血、祛寒化痰等功效。

時间 15min　热量 105kcal/100g

菠萝鸭肉

鲜黄靓丽，果香十足

饮食
宜忌

⊗ 炒菜用的菠萝不宜用盐水浸泡，如果用
盐水泡过，里面的蛋白酶就会失去活
性，起不到嫩肉的作用了。

　　鲜黄靓丽、晶莹剔透的菠萝，散发出幽幽的清香，搭配鲜嫩的鸭肉，经高温烹制后，纹理细腻的鸭肉，充分吸收了菠萝的甜香，整道菜色泽鲜亮、酸甜适口，释放出浓郁果香，足以吸引食客们的眼球，是一道卖相与口味皆备的菜肴。

　　天气炎热的季节，这道菜还能开胃助食、滋阴降火。如果点缀上几片清新的薄荷叶，则能格外提神。如果喜欢口感滑嫩的鸭肉，可以给切好的鸭肉上个浆，这样炒出来的鸭肉香滑润口而不柴。

材料

鸭肉300克　　　菠萝300克

调料

花椒5克

蚝油、水淀粉、酱油各10克

做法

1　鸭肉洗净切块，用适量蚝油、水淀粉、酱油上浆腌制20分钟。

2　菠萝去皮洗净切片。

3　锅置火上，放油烧至七成热，放入几粒花椒炝锅后，将鸭肉下锅滑炒至熟。

4　出锅前倒入菠萝翻炒均匀即可。

烹饪小窍门

＊菠萝一定要在出锅前再放入，和鸭肉一同炒匀即可出锅，否则维生素C流失严重。

＊如果买回来的菠萝比较酸，炒制时可以加些糖来调节口味。

营养师叮咛

＊菠萝具有清暑解渴、消食止泻、补脾胃、固元气、益气血、养颜瘦身等功效，为夏季时令佳果。菠萝中的蛋白酶，能让肉质更加松软鲜嫩，提炼出来的蛋白酶，在烹饪中称为嫩肉粉。

广式烧鹅

北有烤鸭，南有烧鹅

美食札记

广式烧鹅是广东传统名菜，其成品色泽金红光亮、饱满油润，入口皮脆酥香、肉滑鲜美，足可与北京烤鸭媲美。正宗烧鹅的制作非常考究，烘烤时，以优质木炭为燃料，待其燃到烟尽，适时翻转鹅身，烤出的鹅皮黄脆不焦、肉酥骨离、甜嫩松软。若配以烧鹅料或酸梅酱食用，更是别具风味。自己在家用烤箱做，工序简单得多，但味道可一点都不马虎。

材料

鹅肉500克

调料

五香粉5克　　　沙姜粉5克
料酒、蜂蜜、白醋、酱油
各15克

做法

1 将鹅肉洗净沥干，用五香粉、沙姜粉、料酒、酱油腌制5小时；用适量蜂蜜、白醋调制成脆皮水。

2 烤箱预热到190℃后，将脆皮水均匀地刷在鹅肉表面，放在烤架上，烘烤15分钟。

3 鹅肉取出，翻面再刷一层脆皮水，放入烤箱再烤15分钟。取出烤熟的鹅肉，切片即可。

营养师叮咛

* 鹅肉富含人体必需的多种氨基酸、维生素、烟酸、糖、微量元素，并且脂肪含量较低，对人体健康十分有利。常食鹅汤、鹅肉，可以防治阴虚咳嗽，还能补益五脏。

烹饪小窍门

* 广式烧鹅常常搭配着酸梅酱吃，酸酸甜甜的酸梅酱能解鹅肉的油腻。

* 给鹅身上刷脆皮水的时候，要刷得均匀，否则鹅烤出来后表皮色泽会不一致。烤的过程中可以刷两遍香油，鹅的表皮会更加油亮。

PART

05

海味水产篇

江河湖海的馈赠

时间 15min

热量 118kcal/100g

清蒸鲈鱼

江上往来人，但爱鲈鱼美

饮食
宜忌

◎ 鲈鱼分为海鲈鱼和河鲈鱼，河鲈鱼不仅鲜美而且口感细嫩，肉的结构呈"蒜瓣"状，适宜清蒸。海鲈鱼的口感相对较"柴"，腥味较重，宜选择红烧、炖等烹饪方式。这道菜选择的是河鲈鱼。

清 蒸鲈鱼是广东汉族传统名菜之一，属于粤菜系，口味咸鲜。

鲈鱼的主要产地是青岛、石岛、秦皇岛及舟山群岛等地，渔期为春、秋两季，每年的10～11月份为盛渔期。新鲜的鲈鱼买回家，最佳的烹饪方式就是清蒸，既保留了鱼肉原始的香甜，又极大程度地防止营养成分的流失。选用一斤左右的鲈鱼，蒸的时间恰到火候，鱼肉刚熟，细嫩爽滑，汤汁带着蚝油的鲜，豉油的香，吃到嘴里的每一口都是享受。

材料
鲈鱼1条

调料
葱丝、葱段各10克
料酒、柠檬汁、豉油、蚝油、
酱油各10克
生姜3片　　　盐少许

做法

1 将鱼宰杀洗净，鱼身两面斜划三道，往鱼肚里塞入葱段和姜片，并用料酒、柠檬汁和少许盐腌制20分钟。

2 用适量豉油、蚝油和少量酱油对成酱汁，浇在鱼上，上锅用大火蒸10～15分钟，取出撒上葱丝。

3 锅置火上，倒入适量油加热后，将热油淋在鲈鱼表面即可。

烹饪小窍门

* 鱼身两面打花刀，目的是为了更容易蒸熟、入味。

* 热油浇在鱼上发出滋滋的响声，说明油温足够，才能激发出鱼的鲜香味。

* 蒸鱼的时间要根据鱼的大小来定，比较大的可以相对增加时间，小的可以缩短蒸鱼时间，以鱼肉刚熟，嫩而不生为度。

营养师叮咛

* 鲈鱼富含蛋白质、维生素A、B族维生素、钙、镁、锌、硒等营养元素，具有补肝肾、益脾胃、化痰止咳之食疗功效。鲈鱼中的DHA含量是淡水鱼中最高的，因此可以健脑益智，尤为适宜老人、小孩和脑力工作者食用。

时间
30min

热量
98kcal/100g

家常酸菜鱼

开胃醒酒，舍我其谁

饮食宜忌

◯ 宜与新鲜蔬菜水果同食，果蔬中的维生素C能与亚硝酸盐发生还原反应，阻止致癌物质生成。

✕ 要控制腌制品的食用量，不宜长期或一次性大量食用。

酸菜鱼是一道经典川菜，主要以鲜草鱼为主料，配以四川泡菜煮制而成，成菜鱼片鲜嫩爽滑，汤酸香鲜美，微辣不腻，开胃醒酒。

传说酸菜鱼始于重庆江津的渔船上，渔夫将捕获的大鱼卖钱，常有卖剩的小鱼，就与江边的农家换酸菜吃。渔夫将酸菜和鲜鱼一锅煮汤，味道极其鲜美。后来一些小店便将其纳入菜单，供应南往北来的食客。20世纪90年代初，酸菜鱼开始流行，在各地餐馆都有一席之地，重庆的厨师们又把它推向祖国的大江南北，可以说是重庆菜的开路先锋之一。

材料

鲜鱼1条　　　　酸菜100克

调料

盐、胡椒粉、花椒、淀粉
各5克

葱段10克　　　料酒15克

泡椒20克　　　干红辣椒3个

生姜3片

做法

1 鲜鱼宰杀洗净后，片下鱼肉，鱼头和鱼骨留下备用；酸菜切成小段。

2 片好的鱼肉加料酒、胡椒粉、盐和少许淀粉抓匀，腌制5～10分钟。

3 锅置火上，放油烧至七成热，倒入泡椒、葱段、花椒、干红辣椒和生姜爆炒出香味后，下入酸菜煸炒5分钟。

4 往锅中加鱼头和鱼骨，倒入清水淹过食材后大火煮开，转中火煮20分钟至鱼汤微微发白，再放入鱼片煮至肉色发白即可。

烹饪小窍门

* 鱼片易碎，所以将鱼片放入汤中时要小心一些，不要用力搅拨。

* 鱼一定要新鲜，最好选择草鱼、黑鱼、鲶鱼等肉厚刺少的鱼。

营养师
叮咛

* 腌制品中亚硝酸盐的含量，随着腌制时间的不同而发生变化，腌制1～3天时含量较低，7～10天接近峰值，15天达到峰值，25～30天时含量基本稳定，但仍超标。所以食用腌制品，最好选择腌制30天后的，同时不要长期或一次性大量食用。食用时要反复水洗，将汁液挤干，除去部分亚硝酸盐。

時間 30min

热量 153kcal/100g

家常水煮鱼

挡不住的麻辣诱惑

饮食
宜忌

⊘ 吃水煮鱼时宜搭配一些富含膳食纤维的蔬菜，例如豆芽、竹笋等，阻止油脂在身体里的吸收。

水煮鱼是居住于巴蜀地区的人们发明的一道菜，最早流行于四川。看似做法原始，实则做工考究。选新鲜生猛活鱼，又充分发挥辣椒鲜香提味的功效，烹调出来的鱼肉口感滑嫩，油而不腻。满目的辣椒红亮养眼，辣而不燥，麻而不苦，既祛除了鱼的腥味，又保持了鱼的鲜嫩。"麻上头，辣过瘾"，让水煮鱼流行多年而风光不减，也由此可见水煮鱼味道的好坏除了鱼肉的新鲜与否以外，与麻椒、辣椒等原料的质量也密切相关。

材料

草鱼1条
黄豆芽、黄瓜各300克
鸡蛋1个

调料

盐、胡椒粉、花椒各5克
淀粉、葱段10克
酱油、料酒各15克
生姜3片　　干红辣椒3个

做法

1 将鱼宰杀洗净，片下鱼肉，鱼头和鱼骨留下备用；黄豆芽洗净待用；黄瓜洗净切小段。

2 鱼片中加打匀的鸡蛋液、料酒、淀粉和少许盐拌匀，腌制10分钟。

3 锅置火上，放油烧至八成热，放入葱段、姜片、干红辣椒、花椒爆炒出香，倒入鱼头、鱼骨，加料酒、酱油翻炒均匀后，倒入清水没过食材，大火烧开后转小火炖至鱼汤微微发白。

4 下入豆芽、黄瓜煮1分钟后，倒入鱼片烫煮至肉色发白，撒上胡椒粉即可。

烹饪小窍门

＊若嫌片鱼麻烦，也可将鱼斩块。

＊煮鱼之前把花椒和辣椒先炒过，在煮的时候，就可以充分浸出辣椒中的红色素，使油色红亮。

＊可根据喜好添加食材，可放些豆腐、豆皮等豆制品，味道极佳。

＊煮鱼的水量不宜多，以鱼片放入后刚刚被水淹过即可。

营养师叮咛

＊ 水煮鱼的脂肪含量很高，如果不想吃那么多油脂，可以在旁边放一碗温水，涮过再吃。或者用一片面包或馒头吸去多余的油脂后再吃。

时间 30min　**热量** 113kcal/100g

糖醋鱼块

酸酸甜甜，最倾心的滋味

饮食宜忌

✓ 水肿及产后乳汁缺少的人适宜食用鲤鱼。

✗ 素体阳亢及有皮肤病、疮疡者慎食鲤鱼。

糖醋鱼块是山东地区汉族传统名菜，属于鲁菜菜系。过年过节、结婚升迁等喜庆的日子少不了这道糖醋鱼块，有"年年有余、吉庆有余"的吉祥寓意。

糖醋鱼块做法简单，色泽金黄，吃起来酸甜可口、外焦里嫩、肉质鲜美，并且没有腥味，开胃下饭，大人孩子都喜欢吃。制作糖醋鱼首选鲤鱼，也可以用草鱼、罗非鱼、鳜鱼等。鱼的大小要求在1000克左右的最好，这样大小的鱼肉质最为细嫩鲜美。

材料

鲤鱼1条

调料

白糖、葱花各5克

香醋、料酒、酱油、
淀粉各10克   生姜5片

水淀粉适量

做法

1 鲤鱼宰杀洗净，斩成小块，加生姜、料酒、酱油、淀粉搅拌均匀，腌制15分钟。

2 锅置火上，放油烧至五成热，放入鱼块炸至表面微黄后捞出。

3 锅留底油烧至七成热，倒入鱼块，加适量香醋、白糖、料酒翻炒均匀。

4 出锅前倒入适量水淀粉勾芡，撒上葱花即可。

烹饪小窍门

* 在鲤鱼的身体两侧有两条腥线，用刀在鱼头的后面切开一刀，在鱼尾前面切开一刀，翻开皮肉会看到一个白色的线头一样的东西，那就是腥线，把它拽出来就行了。另外要想去腥，一定要洗到鱼肉发白，且鱼腹中的黑膜要去除干净。

* 若拍上面粉再煎鱼，可以锁住鱼肉水分，达到外酥里嫩的效果。

* 出锅时可以撒上点白芝麻，使菜品更诱人。

营养师
叮咛

* 鲤鱼的蛋白质含量高，质量佳，人体消化吸收率可达96％，并能供给人体多种矿物质及维生素A、维生素D。鲤鱼的脂肪多为不饱和脂肪酸，能降低胆固醇，具有预防动脉硬化、冠心病等食疗功效。

时间 30min

热量 110kcal/100g

香酥鲫鱼

秋来鲫鱼肥，留与故人食

饮食宜忌

✓ 鲫鱼所含的蛋白质优、齐全、易消化吸收，手术后、病后体虚的人适宜食用。

✗ 感冒发热期间不宜吃鲫鱼。

相传香酥鱼最早起源于邯郸，魏晋时期，由民间传入宫中。北宋初年，宋太祖赵匡胤颁旨御封，从此尊称"圣旨骨酥鱼"。"圣旨骨酥鱼"是中国的酥鱼之祖、技术之源。

鲫鱼刺多肉薄，平时很不好做，所以没有几个人愿意经常收拾鲫鱼。不过懒人自有办法，将鲫鱼炸得酥透，即可放心吃而不用吐刺了。炸得酥脆的鱼，再回锅裹上糖醋汁，美味开胃，平时不爱吃鱼的孩子们遇上它也不会拒绝的。一般来说，秋天的鲫鱼肉最厚，最肥美。购买时一定要挑选新鲜的。

材料

鲫鱼500克

调料

白糖5克

葱花、葱段各10克

香醋、酱油、料酒各15克

生姜3片

做法

1 鲫鱼宰杀后洗净，放入生姜、葱段、香醋、酱油和料酒腌制1小时后，取出沥干水分。

2 锅置火上，放油烧至七成热，放入鲫鱼，小火炸至金黄色后捞出。

3 锅留底油烧至八成热，放入适量清水和少量白糖、香醋、料酒加热，至白糖煮化后，放入炸好的鲫鱼翻炒。

4 鲫鱼均匀裹上糖醋汁后，撒上葱花即可出锅。

烹饪小窍门

* 若是大鲫鱼要切段后再腌制，小鲫鱼只要在鱼身斜划刀口即可。

* 锅要烧热后再倒入油，也就是我们常说的"热锅凉油"，这样锅底与热油相比是先受热的，鲫鱼下锅之后其表皮就可以在锅底热量的作用下即刻收缩，而不会与锅底粘在一起。

营养师叮咛

* 鲫鱼具有健脾开胃、益气利水、通乳、除湿之功效。鲫鱼所含的蛋白质不仅优质且易于消化吸收，常食可增强抗病能力。

* 特别推荐大家吃有鳞的鱼和活鱼，无鳞的鱼和死鱼中含组胺比较多，容易引起过敏。对于吃鱼容易过敏的人，鱼要彻底做熟，多炖煮，破坏组胺，这样引起过敏的风险更小。

红烧带鱼

肉嫩体肥，老少咸宜

饮食
宜忌 ⊗ 带鱼属动风发物，凡患有疥疮、湿疹等皮肤病或皮肤过敏者不宜食用。

带鱼属海鱼类，在我国的黄海、东海、渤海一直到南海都有分布，和大黄鱼、小黄鱼及乌贼并称为中国的四大海产。

带鱼的营养价值极高，肉嫩体肥、味道鲜美，一般用来红烧或干煎。除了中间的大骨和脊背处的刺外，鱼身肉厚刺少，很适合小孩子和怕鱼刺者食用。红烧带鱼的酱红色能充分激起看客们的食欲，尝起来也咸甜适口，是老少咸宜的下饭菜。

材料

带鱼500克

调料

白糖、淀粉、盐各5克

葱花、姜丝各10克

料酒、酱油、香醋各15克

大蒜3瓣

做法

1 带鱼宰杀后洗净沥干，切三四厘米的长段；蒜瓣拍碎切末。

2 带鱼放入盆中，加姜丝、料酒、酱油、香醋腌制半小时。

3 锅置火上，放油烧至六成热，将腌好的带鱼裹上淀粉，大火定型后，小火炸至金黄色捞出。

4 锅留底油烧至八成热，放入蒜末爆香，倒入炸好的带鱼，加适量清水、料酒、香醋、盐和白糖，大火煮开后转小火收汁，出锅前撒上葱花即可。

烹饪小窍门

* 选择新鲜的带鱼很重要，鲜带鱼体表富有光泽，全身银鳞完整不易脱落，翅全，无破肚和断头现象。肌肉厚实，富有弹性。眼球饱满，角膜透明。

营养师叮咛

* 带鱼表面有一层银白色物质，常被误认为是带鱼的鳞。其实这是一种无腥味的脂肪，是一种天然抗癌剂，对白血病、胃癌、淋巴肿瘤均有辅助防治作用。这层银白色物质还能起到保护带鱼在烹调时不易破碎的作用。所以，洗带鱼时不应去"鳞"。这种物质怕热，在75℃的水中便会溶化，因此清洗带鱼时水温不可过高。但是，这种银白色脂肪长时间接触空气后容易氧化而变成黄色，并带"哈喇味"。遇到这种情况，洗时就该去"鳞"了。

 时间 40min

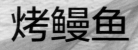 热量 321kcal/100g

烤鳗鱼

颇受追捧的日韩名料理

饮食宜忌

○ 鳗鱼富含DHA，能为大脑补充必要的营养素，青少年宜常吃，可增强记忆力，也适宜老年人食用，可预防大脑功能衰退与老年痴呆症。

鳗鱼在韩国、日本颇受欢迎，日本年消费鳗鱼量占全球鳗鱼产量的1/3以上，韩国每年消费鳗鱼一万多吨，在日本和韩国，烤鳗鱼料理店几乎遍地都是。

鳗鱼的肉质鲜嫩，营养丰富，被称作是水中的软黄金，在中国乃至世界很多地方均被视为滋补、美容的佳品。常吃鳗鱼可消除疲劳，强健体魄，滋补养颜，延缓衰老，尤其对保护眼睛、滋润皮肤有良好的作用。在家制作烤鳗鱼，可选择新鲜原料与酱汁，用烤箱烤制。

材料

鳗鱼1条

调料

孜然、胡椒粉、白芝麻各5克
白糖、姜汁、味醂各10克

鳗鱼酱料

酱油60克	味醂50克
清酒30克	冰糖40克

做法

1. 鳗鱼宰杀去头尾，洗净切段，加入胡椒粉、姜汁、味醂、白糖腌制20分钟。

2. 另起锅制作鳗鱼酱：酱油、味醂、清酒、冰糖的配比为6：5：3：4，加上烤过的鳗鱼骨头一起慢煮1小时，才能成为鳗鱼酱，酒味在慢煮的过程中散发出去，留下清酒的香味，和冰糖熬出来的自来荧，自成浓稠鲜香。

3. 先把烤箱预热，腌制好的鳗鱼放烤箱，180℃烤20分钟。

4. 取出鳗鱼，上锅用大火蒸10分钟后取出。

5. 烤箱预热到190℃，烤盘铺上锡纸，放上鳗鱼，刷上鳗鱼酱汁，烤5分钟后取出，翻面再刷酱汁，再烤5分钟。

6. 烤熟的鳗鱼撒上少量孜然及白芝麻即可。

烹饪小窍门

* 鳗鱼的肉质鲜嫩，营养丰富，有"水中人参"的美誉，购买时应选择颜色藏青，肉质坚硬，尾部完整的较为新鲜。
* 鳗鱼也可以切成长段后片下鱼肉，制成鲜香酥脆的烤鳗片。

营养师叮咛

* 鳗鱼中的锌、不饱和脂肪酸、维生素A和维生素E的含量都很高，可辅助预防动脉硬化和视力退化，保护肝脏、护肤美容。此外，鳗鱼是补充人体必需的脂肪酸、氨基酸的理想食品。

时间
15min

热量
109kcal/100g

白灼虾

原汁原味的粤菜代表

饮食
宜忌

虾肉细腻易消化，虾中含有丰富的抗氧化剂虾青素，能够抗衰老，老年人适宜经常食用。

"白灼"二字指的是将原汁原味的鲜虾直接放进清水里煮食。广州人喜欢用白灼之法来做虾，为的是保持其鲜、甜、嫩的本味，然后将虾剥壳蘸酱汁而食。灼，是将物料投入沸汤或沸水中烹熟。没有汁，也不加芡，主要是保持物料的原味。灼的时间一定要短，火候一定要猛，而且物料一定要新鲜。

新鲜的白灼虾肉质劲道而甘甜，美味又营养，非常适合全家人食用，宴请客人时摆上这道菜简单又不失体面。

材料

鲜虾500克

调料

白糖5克

葱段、蒜蓉各10克

酱油、香醋各15克

生姜5片　　　冰水适量

做法

1　鲜虾洗净备用；用酱油、香醋、蒜蓉、白糖调制成蘸料。

2　锅置火上，加适量清水盖过鲜虾，放入葱段、姜片，大火烧开，煮至虾完全变红后捞出。

3　将焯熟的虾放入冰水中冰镇一会儿，捞出沥干，摆盘即可。

烹饪小窍门

＊虾一定要买新鲜的，白灼虾讲究的就是一个鲜字。

＊虾不宜久煮，否则肉质就老了。

＊焯熟的虾放入冰水中冰镇一下，能够使肉质紧缩，口感更加弹牙。

营养师叮咛

＊虾类营养丰富且肉质松软，易消化，对身体虚弱以及病后需要调养的人是极好的食物。

＊虾中还含有丰富的矿物质，如钙、镁、磷等，而镁对心脏活动具有重要的调节作用，能保护心血管系统，有利于预防高血压及心肌梗死。

時間 20min　熱量 198kcal/100g

油焖大虾

晶莹饱满的鲁菜佳肴

饮食宜忌

⊗ 虾的胆固醇含量较高，特别是虾脑中的虾膏，胆固醇含量最高，血胆固醇高者不宜过量食用。

— 美食札记 —

鲁菜中，油焖是主要以调味油和调料汁进行焖制成菜的一种方法。焖制时加汤量比其他焖法要少，焖制时间要短，初步熟处理一般采用煸炒或油炸的方法。油焖要求原料鲜嫩易熟，成菜色泽浅红油亮。

大对虾的虾脑油多，皮薄色青，下锅见油就红，不需要使用番茄酱等来调色，因为汤汁原本就艳丽红亮。红亮亮的菜色，最能吸引人眼球，不仅看着喜庆，闻起来更是让人垂涎欲滴。

材料

大虾500克

调料

白糖、葱花各5克

料酒、酱油各15克

生姜3片

做法

1 大虾洗净，剪去虾须、虾脚，背部划刀挑去虾肠。

2 锅置火上，放油烧至八成热，下入生姜爆香后，倒入大虾煸炒，并用锅铲轻压虾头，逼出虾膏后，油会慢慢变成红色。

3 至虾变红，表面呈金黄色后，加适量清水、料酒、酱油、白糖，小火焖煮2分钟至汤汁浓稠，出锅前撒上适量葱花即可。

烹饪小窍门

* 虾头要轻轻挤压出虾膏，同时还要保证虾的完整性。
* 虾的第二节的皮下有一条虾肠，需要剔除，可以用牙签扎进去，挑出虾线，否则比较腥。挑虾肠时，开口不宜太大，能去除虾的泥肠即可，否则容易丢失水分。

营养师叮咛

* 虾的营养价值极高，能增强人体的免疫力和性功能，补肾壮阳，抗早衰。
* 如果妇女产后乳汁少或无乳汁，可以适当食用鲜虾，有催乳作用。

🔥 时间
15min

🏃 热量
155kcal/100g

软炸虾球

滑嫩弹牙，玲珑有致

── 美食札记 ──

软炸虾球是一道颜值极高的美食，金灿灿的酥皮包裹着鲜嫩多汁的虾仁，咬一口，外酥里嫩，满嘴鲜香，夹杂着面包屑的酥脆，让人欲罢不能。沥干油刚出锅的虾球，蘸点酸甜可口的番茄酱，孩子们吃起来更是一个接着一个，停不下来。

材料

虾仁200克　　　鸡蛋1个

调料

椒盐粉5克

料酒、酱油各15克

面包屑100克

做法

1 挑去虾线后，虾仁洗净沥干，加适量料酒、酱油腌制10分钟。

2 鸡蛋打散，将虾仁充分裹上蛋液后，均匀裹上面包屑制成虾球。

3 锅置火上，放油烧至八成热，放入虾球，大火定型后小火炸至金黄色。

4 炸好的虾球撒上少量椒盐粉即可。

营养师叮咛

* 油炸食品的脂肪含量比较高，可通过挂糊减少食材吸油量。还可以通过复炸来把第一次油炸吸进去的油脂逼出来。或者用吸油纸把炸好食物上多余的油脂吸走。

烹饪小窍门

* 如果没有面包屑，可以用淀粉代替，但是面包屑炸出来更香脆。

* 虾球刚入锅炸时不要搅动，先用大火炸定型，否则面包屑容易脱落。

时间 20min

热量 128kcal/100g

香辣蟹

壳满膏肥块块香

美食札记

吃蟹在我国历史悠久，古代文人更有"霜柑糖蟹新醅美，醉觉人生万事非"这样的佳句千古共赏。如今，民间仍有"一盘蟹，顶桌菜"的民谚流传。中秋节前后的螃蟹最为肥美，蟹膏量多味浓，是品尝的最佳时节。

材料

螃蟹2只

调料

花椒5克

葱花、蒜末各10克

料酒、酱油、水淀粉各15克

干红辣椒3个

生姜5片

做法

1 螃蟹宰杀后洗净沥干，剁成两半。

2 锅置火上，放油烧至八成热，倒入花椒、干红辣椒、生姜、蒜末爆炒出香，下入剁好的螃蟹翻炒。

3 至螃蟹开始变色后，加入料酒、酱油和适量水淀粉，加盖小火焖5~10分钟，出锅前撒上葱花即可。

烹饪小窍门

* 制作香辣蟹，需保持蟹黄与蟹肉不碎不散，方能牢牢锁住蟹肉的鲜味，且使香辣滋味渗入每一丝蟹肉。

* 宰蟹之前，可将螃蟹泡在白酒里。这样处理过的蟹肉带点酒香，宰杀时也较容易处理。

营养师叮咛

* 螃蟹性寒，一周食用不宜超过3只。海蟹的寒性更甚于河蟹，所以一定要搭配生姜、胡椒、辣椒等祛寒的香辛料，吃完螃蟹最好还能喝点儿姜茶。

時间 25min

热量 57kcal/100g

烤生蚝

一口吞下海中鲜

饮食宜忌

⊗ 急慢性皮肤病患者不宜吃牡蛎。

⊗ 脾胃虚寒、慢性腹泻、便溏者不宜多吃牡蛎。

烤 生蚝是夏天颇受人们欢迎的炭烤食物之一，蘸着蒜蓉一口吞下，满嘴辛辣鲜香，那叫一个爽。

生蚝也叫牡蛎，是高蛋白低脂肪的海鲜，被称作"海底牛奶"。它还含有丰富的锌，而锌对生殖器官的发育和性功能的完善至关重要，所以生蚝具有补肾壮阳、强身健体的功效。日本人称其为"根之源"，还有"天上地下牡蛎独尊"的美誉。在欧洲，人们称牡蛎为"催情剂"，男女青年约会有吃牡蛎的风俗。此外，吃生蚝还可以提高人体免疫力、调理血压和血脂、缓解工作压力。

材料

生蚝5个

调料

盐5克	蒜末15克
料酒20克	尖椒2个

做法

1 用刷子仔细将蚝壳刷洗干净后，将蚝壳撬开；尖椒洗净切成小丁。

2 锅置火上，放油烧至七成热，放入蒜末和尖椒，加适量料酒和盐，爆炒出香后盛出备用。

3 烤箱预热至190℃，生蚝平稳地放在烤架上，将炒好的蒜蓉酱均匀地铺在生蚝上，放入烤箱中烤20分钟即可。

烹饪小窍门

* 若想吃原汁原味的生蚝，就不宜加酱油或陈醋。二者味重，容易盖过蚝的原味，而且蚝汁的甜味也会大减。相反，如果适量加点盐，不仅可以提鲜，蚝肉吃起来也更甜。

营养师叮咛

* 锌是维持男性生殖系统健康的至关重要的矿物质，缺锌会导致男性的精子数量下降，可适当吃生蚝来补充。

* 食用生蚝还可防止皮肤干燥，促进皮肤新陈代谢，分解黑色素，所以也是适合女孩子的好食材。

蒜蓉粉丝蒸扇贝

肥美多汁的平民海鲜菜

时间 13min

热量 94kcal/100g

饮食宜忌

⊗ 贝类性多寒凉，故脾胃虚寒者不宜多吃。

⊗ 由于扇贝富含蛋白质，不宜一次过量食用，否则会影响脾胃的消化功能，导致积食。

160

蓉粉丝蒸扇贝是广东经典的汉族名菜，属于粤式海鲜蒸菜，扇贝的营养丰富，是高蛋白低脂肪的贝类，是补钙、补铁的佳品，粉丝选用绿豆粉丝，有清热解毒的功效，适合夏季食用。

　　这道海鲜馆里点击率极高的美食，在家里要怎么做才能好吃呢？当然是扇贝要新鲜啦。挑选时先看颜色，新鲜的贝壳和贝肉都很鲜亮。然后闻气味，不新鲜的会有很明显的腥臭味。最容易的办法就是上手了，轻轻敲打贝壳，活的会很自然地闭合两壳，死的则没有反应。

材料

扇贝5个　　　　　粉丝50克

调料

葱花10克

香油、酱油各15克

大蒜1头

做法

1　扇贝洗净剥开，用小刀沿着内壳壁将贝肉取下，贝肉去除内脏和鳃，也就是把看上去黑乎乎的东西去除，洗净，再用牙刷把扇贝壳里外都刷净，否则会牙碜。

2　粉丝用温水泡开；大蒜去皮拍碎，剁成蒜蓉；用适量香油、酱油对成调味汁。

3　锅置火上，放油烧至七成热，倒入蒜蓉炒香备用。

4　泡开的粉丝剪成小段，垫在扇贝壳上，将贝肉放在粉丝上，再铺上蒜蓉，上锅用大火蒸5~8分钟。

5　蒸好的扇贝取出，浇上调味汁，撒上葱花即可。

烹饪小窍门

＊贝肉取出后可以先用料酒和盐腌制一小会儿。

＊炒蒜蓉要用小火，慢慢炒，用勺子来回推动，变成金黄色就马上关火，否则就焦了。

＊蒸扇贝时可以在贝肉上撒一点姜丝，出锅后再拿掉。

营养师叮咛

＊食用海鲜类食物，一定要做熟再吃，千万不要贪图新鲜食用生的海鲜。贝壳类食材容易感染诺罗病毒和霍乱弧菌。因此在吃扇贝时，一定要彻底蒸熟，以避免其中含有的致病菌危害健康。

时间 10～15min 热量 64kcal/100g

爆炒蛏子

点燃味蕾的盛宴

饮食宜忌

✓ 蛏子富含碘和硒，甲状腺功能亢进患者、孕妇、老年人适宜食用。

✗ 脾胃虚寒、腹泻者不宜多吃。

蛏子肉质可口、味道鲜美、营养丰富、价格适宜，深受大众的喜爱，俗称"海里的人参"，是滋阴补肾的好东西。肉嫩味鲜、风味独绝的蛏子，可谓佐酒佳肴，古人曾有诗赞道："沙蜻四寸尾掉黄，风味由来压邵洋。麦碎花开三月半，美人种子市蛏秧。"

因为蛏子在泥滩上生活，所以其贝壳薄脆，泥沙也较多。刚买回来的蛏子要提前半天在盐水中浸泡，加少量食油，泥沙便能吐干净了。除了新鲜的蛏子，还可以在家里备点蛏干，炒菜炖汤时放几个，鲜美极了。

材料

蛏子500克

调料

葱花、姜丝、蒜末各10克

香油、酱油各15克

尖椒1个

做法

1 将蛏子洗净，放入盐水中，加入少许食用油，使其吐出泥沙，洗净待用；尖椒洗净切丝。

2 锅置火上，放油烧至七成热，下入姜丝、蒜末、尖椒丝爆炒出香后，倒入蛏子翻炒5~10分钟。

3 出锅前撒上葱花和香油即可。

烹饪小窍门

* 让蛏子吐沙的小妙招：将蛏子放入清水盆中，加少许盐、食用油，用筷子将蛏子与盆底隔开，蛏子吐出来的沙子沉底了，悬在中间的蛏子再吸进来的水又是干净的，一段时间后就吐净沙子了。

* 蛏子烹饪的时间不宜过短，最好在5分钟以上。

* 蛏子本身鲜味较重可不用再放鸡精类的调味品，否则会使蛏子失去原有的鲜味。

营养师叮咛

* 蛏子是高蛋白的海鲜食材。蛏肉含有较丰富的牛磺酸、锌及不饱和脂肪酸（DHA，EPA），牛磺酸能保护视网膜，保护心脏，抗氧化，提高免疫力，降血压和降血脂。

时间 50min　热量 258kcal/100g

葱烧海参

家宴上的压席菜

 美食札记

葱烧海参是山东的传统名菜，是"古今八珍"之一。海参清鲜，柔软香滑，葱段香浓，食后无余汁，能滋肺补肾。这道菜放在餐桌上，多多少少有点小隆重，可做家宴的压席菜。

材料

水发海参250克
葱白50克

调料

白糖、盐各5克
酱油、料酒、水淀粉各15克
生姜3片

做法

1 水发海参洗净，放入凉水锅中，大火烧开，约煮5分钟捞出，沥干切段。

2 锅置火上，加入适量水，放入盐、白糖、生姜、料酒、酱油，水开放入海参烧5分钟，倒入容器内，放置约半小时，让海参充分入味。

3 锅中放油，烧至八成热，放入葱白，煸至金黄，把海参连同汁一并倒入锅中，烧到快干时倒入水淀粉，大火收汁即可。

营养师叮咛

* 海参富含蛋白质、维生素、微量元素和一些特殊的营养物质，能满足不同人群的需要，而且不容易上火，对于那些虚不受补的人来说是很好的营养品。

烹饪小窍门

* 本菜的关键就是水发海参。先用冷水泡6小时，泡软后纵向剪开海参的肚子，去掉肠杂，用冷水漂洗；把食用碱放入水中，烧开后关火，放入海参泡2小时，捞出后用清水把碱味漂洗干净，投入冰水，这样海参的肉质更有弹性。洗海参不要用盐去搓，会使海参发不透。

PART

06

解腻小菜篇

给肉寻一个好伴

时间 10min　热量 20kcal/100g

拍黄瓜

鲜爽脆嫩，齿颊留香

美食札记

拍黄瓜是餐桌上的"平民"美食，不仅香脆可口，而且制作起来简单方便。夏季，人们尤其爱吃拍黄瓜，因为黄瓜也有利于消暑。这道菜的诀窍在于刀的使用和"拍"的手法，拍裂的黄瓜比切的黄瓜更加香脆。

材料

黄瓜2根　　　　大蒜3瓣

调料

白糖、盐各5克

香油10克　　　白醋15克

做法

1. 黄瓜洗净，用刀拍裂，不要太碎，顺着裂缝用刀将其切成2厘米长的块状。
2. 大蒜洗净去皮，拍碎后切末。
3. 将黄瓜块放入盘中，撒上蒜末，加少量香油、白醋、白糖、盐，搅拌均匀即可。

营养师叮咛

* 瓜类食材多半属性寒凉，有解暑的效果。黄瓜里有维生素C、黄瓜酶、丙醇二酸，能直接或间接降低胆固醇。

烹饪小窍门

* 选用新鲜的较小的嫩黄瓜口感更香脆。
* 拍黄瓜的时候，可以拿一块干净的纱布包住黄瓜，这样就不会拍得黄瓜汁四溅了。
* 加白醋能让黄瓜长时间保持翠绿的鲜艳色彩。

时间 10min　热量 121kcal/100g

青椒擂皮蛋

别有一番滋味在舌尖

—— 美食札记 ——

这道凉菜一见名字就知道是湖南菜。湘菜是个"无辣不欢"的菜系，在凉菜中用辣椒也很有讲究，一定要选择个大肉厚、果形完整且鲜艳光泽、表皮光滑者，这样的辣椒味道足够香，同时又不会特别辣，还能带有一丝甜味。

材料

皮蛋1个　　　青辣椒1个
大蒜3瓣

调料

盐5克
香油、香菜各10克

做法

1 皮蛋剥开后，用开水浸泡10分钟。

2 锅置火上，放油烧至八成热后，放入青辣椒，小火煎5分钟后，取出沥油。

3 碗中放入大蒜、青辣椒、皮蛋、香菜，加适量香油和盐，均匀碾碎即可。

烹饪小窍门

* 青辣椒煎至表面呈现虎皮纹时最香。
* 喜欢吃辣可以多加1个小米椒，喜欢吃酸可以加适量白醋。

营养师叮咛

* 皮蛋有润喉、醒酒、去大肠火热、治泻痢等功效。
* 最好选择无铅皮蛋，其蛋壳表面的黑点较少，剥开蛋壳，蛋清上也没有黑点。
* 在皮蛋腌制过程中会产生氨，食用之前要用清水冲洗净，否则有可能会烧伤食道。

时间 40min　热量 126kcal/100g

水煮毛豆

青翠可爱的佐酒小食

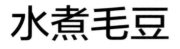

饮食
宜忌

○ 毛豆中的铁易于吸收，适宜作为儿童补充铁的食物之一。

○ 毛豆中含有大豆异黄酮，即一种植物雌激素，适宜更年期妇女食用，可防治骨质疏松。

毛豆，就是新鲜连荚的黄豆，晒干之后又称大豆。水煮毛豆是家里招待客人常见的一盘菜，制作方法比较简单，除了美味，营养价值也很高。此菜清热除烦、养血安神、有助消化，适宜夏天常食。但由于毛豆富含植物蛋白质，夏天煮好的毛豆容易变质，所以最好随煮随吃。

吃多了肉食，来一盘水煮毛豆，爽口又解腻。出门野餐或者爬山前提前煮好晾凉带上，也是很好的补充能量又美味的食物哦。

材料

毛豆300克

调料

盐5克

八角、香叶、桂皮各10克

做法

1 毛豆洗净，将毛豆的两头剪掉。

2 毛豆放入锅中，加清水没过，放入八角、香叶、桂皮、盐，大火煮10分钟。

3 关火，加盖闷30分钟即可。

烹饪小窍门

* 毛豆两端剪个小口、关火后浸泡，都是为了使毛豆更入味。
* 煮毛豆的水要多放一些，在煮制的过程中不要再加水。
* 如果想保持毛豆翠绿的颜色，煮时不要加盖，关火后也无需浸泡，煮过后就可以食用。

营养师叮咛

* 毛豆含钾量很高，夏天常食，可以补充因出汗过多而导致的钾流失，同时缓解因钾流失而引起的疲劳乏力和食欲下降。
* 毛豆含有人体必需的亚油酸和亚麻酸，可以降低人体中的甘油三酯和胆固醇。
* 毛豆中含有丰富的膳食纤维，可以改善便秘。

時间 5min 　热量 41kcal/100g

凉拌海带丝

爽口解腻的海中长寿菜

饮食宜忌

✅ 缺碘、甲状腺肿大等人群适宜食用海带。

❌ 脾胃虚寒者、甲亢中碘过盛型的患者忌食海带。

蔬菜类食材采取凉拌的烹调方式营养损失最小，热量也更小，是减肥期间推荐的烹调方式。凉拌海带丝爽脆咸鲜，与胡萝卜搭配，红绿相间，是一款爽口解腻、好吃又好看的常见凉菜。

海带主要是自然生长，也有人工养殖，多以干制品行销于市，质量以色褐、体短、质细而肥厚者为佳。海带具有软坚散结、利水消肿、祛脂降压等功效，可以有效预防动脉硬化、抵抗衰老、消肿瘦身，所以日本人把海带称为"长寿菜"，老人、肥胖者和爱美的女性都可以常吃。

材料

海带丝50克　　胡萝卜30克

调料

盐5克

香油、蒜末、香菜各10克

白醋15克

做法

1 海带丝用清水泡一两个小时；胡萝卜洗净切成细丝。

2 锅置火上，加适量清水大火烧开后，下入海带丝和胡萝卜丝焯3分钟，捞出沥干。

3 沥干的海带丝和胡萝卜丝盛碗，撒上蒜末和香菜，加适量香油、白醋、盐，搅拌均匀即可。

烹饪小窍门

* 浸泡海带时水要多些，或者换一两次水，至于浸泡时间，与海带质地有很大关系，海带比较嫩的浸泡时间不能太长。如果质地硬的，浸泡时间可相对较长。

* 若海带丝较长，浸泡后可切段。

营养师叮咛

* 加少许香油拌食，可以帮助胡萝卜中的脂溶性维生素更好地被吸收。

* 海带表面的白霜并不是盐，而是甘露醇，是良好的利尿剂，有消水肿的作用。

* 海带中的碘极为丰富，碘是体内合成甲状腺素的主要原料，头发的生长与之有着密切的联系，因此，想要有一头乌黑亮丽的长发，一定不要忘了吃海带哦！

时间 10min

热量 85kcal/100g

拌双耳

—————

润肠排毒的黑白组合

饮食
宜忌

✓ 银银耳滋而不腻，具有养阴清热、润燥和血之功，阴虚火旺者宜常吃。

✓ 木耳可以将头发碴、谷壳、沙子、金属屑等排出体外，因此，矿山、化工和纺织工人宜常吃。

银耳被称为"穷人的燕窝"，无论颜色、口感、功效，银耳都和燕窝相似，而价格又便宜得多。在古代，野生银耳数量稀少，属于名贵补品。但新中国成立以来，随着银耳人工栽培技术的成功，银耳走向了千家万户，成为了人人皆可品尝的佳品。质量好的银耳，耳花大而松散，耳肉肥厚，色泽呈白色或略带微黄，蒂头无黑斑或杂质，朵形较圆整，大而美观。

说到银耳，大家一定会想到银耳羹一类的甜汤，其实咸口银耳也一样好吃。这道凉拌双耳，结合黑白两种食材，再加点绿油油的香菜点缀，鲜香四溢，色泽艳丽，又能达到排毒养颜、清爽开胃的目的。快来吧，即使你零厨艺，也能十分钟搞定这盘平价的营养补品。

材料

木耳20克　　　　银耳20克

调料

盐、白糖各5克

香菜10克

酱油、香醋各15克

做法

1 将木耳和银耳泡发，然后择洗干净，撕成小块。

2 锅置火上，加水烧开，倒入双耳，焯少许片刻即可捞出，将焯好的双耳凉水过凉，沥干水分备用。

3 将盐、白糖、酱油、醋同时倒入小碗中调匀备用，双耳中加入香菜段，将调好的碗汁倒在上面拌匀即可。

营养师叮咛

* 银耳营养丰富，其中的膳食纤维可助胃肠蠕动，减少脂肪吸收，从而达到减肥的效果。

* 银耳富含硒等微量元素，能增强机体抗肿瘤的能力，防癌抗癌。

* 木耳富含铁，故常吃木耳能养血驻颜，令人肌肤红润，容光焕发。

* 木耳中的胶质可把残留在人体消化系统内的灰尘、杂质吸附集中起来排出体外，从而起到清胃涤肠的作用。

烹饪小窍门

* 木耳泡发后要充分清洗干净，去掉耳根，以防带有沙土。

* 木耳过水焯的时间不宜过长，以免失去爽脆的口感。

时间
20min

热量
180kcal/100g

土豆沙拉

大餐之前的开胃菜

饮食
宜忌

⊗ 土豆含有一些有毒的生物碱，不宜生食，一定要经过高温彻底煮熟，有毒物质就会分解。

⊗ 发芽变绿的土豆，其中的毒素龙葵素含量较高，不宜吃。

土豆原产于南美洲安第斯山区的秘鲁和智利一带，后来成为了欧洲的重要粮食作物，并于17世纪传到中国。土豆沙拉在西方是很受欢迎的开胃菜，传入中国后，其做法和口味也很适合中国人的餐桌。

传统的土豆沙拉以土豆和沙拉酱为主要食材，味鲜色美，清凉爽口，营养价值丰富。在细滑的土豆之间，有黄瓜的清脆、蛋白的嫩滑，将注意力集中在舌头和牙齿上，体会那细腻丰富的味觉口感，无疑是一种享受。这里介绍的土豆沙拉，把沙拉酱换成了酸奶，不仅美味不减，营养还更胜一筹。

材料

胡萝卜50克　　土豆2个
黄瓜1根

调料

奶酪粉10克
酸奶300克

做法

1　土豆、胡萝卜、黄瓜洗净去皮，切成小块。
2　锅置火上，加适量清水，放入土豆和胡萝卜，大火煮开后转小火煮10～15分钟。
3　土豆、胡萝卜捞出沥干后，加入黄瓜和奶酪粉搅拌均匀，淋上酸奶即可。

烹饪小窍门

* 酸奶也可换成用少量白醋和白糖调成的汁。
* 建议选择面一点的土豆，这样做出来的沙拉口感更佳。
* 土豆用小火炖煮，才能均匀地熟烂，若急火煮烧，会使外层熟烂甚至开裂，里面却是生的。另外大火炖，汤汁不断翻滚会使土豆块外面煮烂，更容易糊锅。
* 可以根据个人口味添加食材，例如火腿、洋葱等。

营养师叮咛

* 普通的沙拉酱的脂肪含量很高，每100克的沙拉酱里面含有60～70克的脂肪，所以想要控制体重的人，需要换成无糖的酸奶。
* 土豆含钾量丰富，有高钾蔬菜之称。钾对心肌有保护作用，同时可以防止高盐摄入引起的血压升高。
* 土豆富含膳食纤维，可促进肠道蠕动，保持肠道水分，有预防便秘的作用。

时间 10min　热量 106kcal/100g

芹菜拌腐竹

简简单单，清胃涤肠

饮食
宜忌

☑ 腐竹富含的谷氨酸在大脑活动中起着重要作用，有利于提高人
的记忆力，适宜生长发育期的少年儿童食用。

夏季是吃凉拌菜的好季节，美味的凉拌菜既开胃又下饭。芹菜拌腐竹属于浙菜系，其做法简单，味道鲜美，清香适口。

腐竹，又称腐皮或豆腐皮，是煮沸豆浆表面凝固的薄膜，可鲜吃或晒干后吃，是东亚地区常见的食物原料，具有浓郁的豆香味，同时还有着其他豆制品所不具备的独特口感。腐竹适于久放，但应放在干燥通风之处。过伏天的腐竹，最好经阳光晒、凉风吹数次，更耐贮存。

材料

芹菜300克

腐竹、胡萝卜各200克

调料

盐5克　　　　香油10克

做法

1 将芹菜择洗干净后切成斜段；腐竹用清水泡发后也切斜段；胡萝卜洗净去皮，切成菱形斜片。

2 三样食材均放入开水锅中焯烫至熟后，捞出沥干，加入适量香油、盐搅拌均匀即可。

烹饪小窍门

* 泡发腐竹不能用热水，否则容易把腐竹泡碎烂。泡发腐竹时，要把腐竹完全浸泡在凉水中，才能发得均匀。
* 芹菜和胡萝卜焯水不要时间太长，煮软了口感不爽脆。
* 香油可以换成花椒油。

营养师叮咛

* 腐竹富含钙质，可防治因缺钙导致的骨质疏松。
* 正常腐竹脆而干燥，很容易折断，并伴有碎片。添加了硼砂的腐竹，有很强的韧性，且不易折断，也不易煮烂，不宜食用。
* 芹菜中含有芹菜苷、佛手苷内酯和挥发油，具有降血压、降血脂、防治动脉粥样硬化的作用。

时间 10min　热量 70kcal/100g

西芹百合

清清爽爽，精致素食

饮食
宜忌

⊘ 百合具有润肺止咳、清心
安神的作用，适宜秋季或
雾霾天食用，有养肺功效。

这道菜，做法相当简单，味道却特别怡人，几乎没怎么用调味料，味道却层出不穷，清香四溢。看着这清新的绿，素雅的白，心情格外明朗。

西芹口感脆嫩，却含有丰富的膳食纤维，能够帮助肠道运动，清肠排便。此外，西芹还能促进食欲、降血脂、降血脂，是老幼皆宜的佳品。百合质地肥厚，醇甜清香，甘美爽口，是一种非常理想的解秋燥滋肺阴的佳品，还有清热、宁心、安神的作用，可用于更年期出现的神疲乏力、食欲不振、低热失眠、心烦口渴等症状。

材料

西芹200克

鲜百合50克

调料

白胡椒粉、盐各5克

红椒1个

做法

1 百合剥好，去掉黑色部分，冲洗干净备用；西芹择洗干净，切段，用开水焯一下；红椒洗净切块。

2 锅置火上，放油烧热，下西芹段、百合、红椒同炒。

3 炒至将熟，放盐、白胡椒粉调味，翻炒出锅即可。

烹饪小窍门

* 西芹事先焯水再用凉水冲凉，可以让西芹色泽更绿，口感爽脆。

* 百合受热过度会发黑，所以入锅稍微翻炒一会儿，看到百合边缘变透明就要立刻出锅。

营养师叮咛

* 西芹含有芹菜素，这是一种天然黄酮类化合物，又称为植物雌激素，能保护神经、抗氧化、清除自由基、抗肿瘤、调节免疫等。

* 芹菜叶子的营养比茎更加丰富，不妨把芹菜叶子一起烹饪食用。

* 百合含多种生物碱，在体内能促进和增强单核细胞系统和吞噬功能，提高机体的免疫力，有防癌抗癌的效果。

时间 15min　　热量 44kcal/100g

醋熘白菜

酸爽解酒，开胃助食

饮食宜忌　　◇ 大白菜有清热排毒、益胃生津的作用，适宜慢性习惯性便秘、肺热咳嗽、咽喉发炎，腹胀及发热之人食用。

醋熘为一种烹饪方法，跟炒相似，在制作过程中，调料中酸味比例稍大，做法与焦熘、软熘、滑熘接近，口味酸甜，深受人们的喜爱。

醋熘白菜属于鲁菜菜系，其酸辣适口，开胃下饭，秋冬季节气候干燥，吃一盘醋熘白菜是再好不过的了。如果肉食吃多了，酸爽的醋熘白菜也能让人清心爽口，还能促进消化。

白菜原产于我国北方，最早称菘。在我国北方的冬季，大白菜更是餐桌上的常客，故有"冬日白菜美如笋"之说。大白菜具有较高的营养价值，民间有俗语"百菜不如白菜"。

材料

大白菜300克

干辣椒2个

调料

盐5克

香醋、淀粉各15克

做法

1 把大白菜连帮带叶掰成几片，洗净，菜帮斜切成坡刀片，叶子撕成小片；干辣椒掰碎；用醋和清水把淀粉调匀。

2 锅置火上，倒油烧热，放入两个掰碎的干辣椒炒香，迅速放入切好的白菜帮翻炒，等白菜帮稍软再放入白菜叶同炒。

3 锅里加适量盐，白菜软熟出水后，放入调好的水淀粉翻炒，至汤汁变黏稠即可。

烹饪小窍门

* 采用斜切法切菜帮，可增加菜帮入锅后的受热面积，更易炒熟。
* 菜叶比菜帮易熟，要后入锅。
* 用醋熘的方式，则更好地保护了白菜里的维生素C。

营养师叮咛

* 大白菜是高钾低钠的蔬菜，对心脑血管很有好处。大白菜属于十字花科蔬菜，含有吲哚异硫氰酸盐，具有抗癌的功效。
* 叶子菜隔夜会产生亚硝酸盐。亚硝酸盐会在消化液的作用下产生致癌物亚硝胺，所以叶子菜最好现做现吃，不要剩菜。

时间 10min　热量 48kcal/100g

手撕圆白菜

麻辣鲜香，爽脆清甜

饮食宜忌　⊘ 圆白菜富含叶酸，备孕期女性、孕妇及贫血患者宜多吃圆白菜。

手撕圆白菜属于湘菜，此菜红白相间，麻辣鲜香，爽脆清甜。"撕"出来的菜，不同于刀切的，刀切的断面很光滑，而撕出来的断面不规则、粗糙、凹凸不平，这样在炒制过程中与调味汁的接触面积就会增大，更易入味和挂汁，自然也就更好吃。

圆白菜的别名很多，比如包菜、卷心菜、洋白菜、疙瘩白、莲花白等。其实，它的学名叫结球甘蓝，是甘蓝的变种，起源于地中海沿岸，16世纪传入中国。如今在我国各地普遍栽培，是春、夏、秋季的主要蔬菜之一。

材料
圆白菜300克

调料
盐5克

葱丝、蒜末各5克

酱油、香醋各15克

干辣椒2个

做法

1. 圆白菜洗净，沥干水分，用手撕成小块；干辣椒洗净切碎。
2. 锅置火上，放油烧至八成热，放入蒜末和干辣椒爆香。
3. 放入圆白菜，大火快速炒散，加适量酱油、香醋炒匀，出锅前撒上葱丝和盐翻炒均匀即可。

烹饪小窍门

* 圆白菜洗净后一定要控干水分。
* 全程用大火快炒。

营养师叮咛

* 这道菜的营养秘诀在于12个字：先洗后撕，急火快炒，炒好即食。不用刀切，用老话来说是避免沾上"铁腥气"，有利于保持菜蔬的色泽及爽脆的口感。从营养学上的观点来说，手撕菜可以避免加速蔬菜中维生素C的氧化，减少营养流失。

* 圆白菜中含有维生素U，其具有保护胃肠黏膜的作用，可改善溃疡，对应酬喝酒、宿醉引起的胃不适有很好的舒缓效果。

时间 10min　热量 117kcal/100g

醋熘土豆丝

家常小菜，香飘十里

饮食宜忌

Ⓥ 土豆中的黏液蛋白能预防心血管系统脂肪沉积，保持血管的弹性，土豆还是高钾食物，能排出体内多余的钠，因此高血压患者宜常吃土豆。

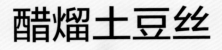

醋 熘土豆丝属于鲁菜，其味道咸中带酸，口感脆爽。炎炎夏日里，如果对大鱼大肉提不起兴趣，那么清爽的醋熘土豆丝就是一道很好的开胃菜。一盘醋熘土豆丝上桌，还未动筷，一股勾人的醋香就已动人心魄，酸爽的味道让人顿时腹中一空，食欲立刻变好了。

材料

土豆2个

调料

盐、花椒、干红辣椒各5克
白醋、水淀粉各15克
尖椒1个

做法

1 土豆洗净去皮，切丝；尖椒洗净切丝。

2 准备一碗清水，加少许白醋，放入土豆丝浸泡10分钟，再用水清洗2遍，将土豆丝表面的淀粉黏液洗去。

3 锅置火上，放油烧至八成热，爆香花椒、干红辣椒，倒入土豆丝，加白醋和盐，大火快速翻炒。

4 放入尖椒丝，加入适量水淀粉，继续炒半分钟即可出锅。

烹饪小窍门

* 土豆丝放入加醋的水中浸泡，并冲洗2遍，可以避免土豆丝氧化变黑，同时能去除表面的淀粉，保证爽脆的口感。

* 炒土豆丝要用大火快炒才香。

营养师叮咛

* 发芽或者发绿的土豆里含有龙葵素，会引起中毒，不能食用。龙葵素耐高温，烹煮土豆不能降低毒性，所以这样的土豆就不要吃了。

* 土豆里的维生素C含量比苹果还高，维生素C在酸性环境下相对稳定，不易被破坏，所以醋熘土豆丝是一道很好的补充维生素C的菜。

* 土豆富含膳食纤维，能宽肠通便，帮助机体及时排出代谢毒素，防止便秘，预防肠道疾病的发生。

蒜蓉西蓝花

送君花一朵，芬芳香满席

饮食宜忌

西蓝花富含膳食纤维，能有效降低肠胃对葡萄糖的吸收，进而降低血糖，适宜糖尿病患者食用。

蒜蓉西蓝花是一款清清淡淡，做法简单的家常小炒，耗时短，很方便，营养又丰富，成菜清新爽口、蒜香扑鼻，是在饱餐一顿肉食后很好的减脂解腻小菜。

西蓝花原产于欧洲南部、地中海沿岸，其质地柔嫩，纤维少，水分多，风味独特，营养丰富，尤其是维生素C的含量很高，是一种时兴的高档蔬菜。西蓝花焯后颜色会变得更加鲜艳，但要注意的是，焯烫西蓝花的时间不宜太长，否则会失去脆感，做出的菜也会大打折扣。

材料

西蓝花1棵　　　　大蒜5瓣

调料

盐5克　　　　　　香油10克

做法

1　西蓝花掰成若干小朵，放入淡盐水中浸泡20分钟；其中3瓣大蒜拍碎去皮，剁成蒜蓉，另外2瓣切成蒜末。

2　浸泡后的西蓝花洗净，放入沸水中焯烫30秒。

3　锅置火上，放油烧至七成热，放入蒜末炒香后，倒入西蓝花快速翻炒。

4　出锅前加少许盐炒匀，淋上香油和蒜蓉即可。

烹饪小窍门

* 焯西蓝花不要超过30秒，否则营养容易流失。
* 焯烫后的西蓝花基本成熟，快速加料翻炒后即可出锅。

营养师叮咛

* 西蓝花里的萝卜硫素和吲哚衍生物，能降低癌症的发生率，在防治胃癌、乳腺癌方面效果尤佳。
* 西蓝花中的类黄酮物质对高血压、心脏病有调节和预防的功用。
* 西蓝花含有丰富的维生素C，能增强肝脏的解毒能力，提高机体免疫力。

时间 10min　　热量 82kcal/100g

素炒荷兰豆

质嫩清香，食之忘俗

饮食
宜忌

荷兰豆具有益脾和胃、生津通乳的作用，
脾胃虚弱、产后乳汁不下者适宜食用。

绿、白、黑的色彩搭配，清爽宜人，充满春天的气息。这道素炒荷兰豆做法简单，又不失美味与营养，宴客时也能够锦上添花。清炒的荷兰豆要想好吃漂亮，要提前焯一下，但时间要短，否则就不脆甜了。荷兰豆、荸荠、木耳都是十分爽脆可口的食材，这是一道很解油腻的小菜。

荷兰豆原产于地中海沿岸及亚洲西部，并非产于荷兰，之所以被称为"荷兰豆"，是因为荷兰人把它从原产地带到中国。有趣的是，荷兰豆在荷兰却被叫做"中国豆"，这大概是双方的谦虚和幽默吧。

材料

荷兰豆200克

荸荠50克　　　　木耳10克

调料

盐5克

做法

1 将木耳泡发，去根撕成小朵洗净，下入沸水焯一下，捞出待用；荸荠去皮，切成片待用；荷兰豆择洗干净，下入沸水中焯一下捞起，用凉水过凉待用。

2 锅置火上，倒油烧热，下入荸荠片和木耳翻炒，放入荷兰豆大火翻炒几下。

3 出锅前加点盐调味，炒匀即可。

烹饪小窍门

* 荷兰豆焯变色即可，不要过火，炒的时候也不要过火，口感才会脆嫩。
* 焯荷兰豆的时候放少许油和盐，会使荷兰豆的颜色更鲜艳、更翠绿，而油会使其表面变亮，也起保温的作用。

营养师叮咛

* 荷兰豆所含的淀粉及粗蛋白能促进大肠蠕动，缓解便秘。
* 荸荠里含有荸荠英，这种物质有一定的抗炎抑菌的作用。
* 荸荠最好炒熟了吃，因为荸荠里有时候会有姜片虫，误食可能会发生感染，严重者会出现腹痛腹泻等症状。

时间 10min  热量 77kcal/100g

清炒山药

秀色惹人怜，清白满玉盘

饮食
宜忌

⊗ 山药具有收敛作用，所以有肠胃积滞及便秘症状者不宜多吃，另外有实邪者也不宜吃山药。

山药因其营养丰富，自古以来就被视为物美价廉的补虚佳品，既可作主粮，又可作蔬菜，还能炮制为药材。李时珍在《本草纲目》中称其能"益肾气，健脾胃，止泻痢，化痰涎，润皮毛。"

秋冬季节吃山药，符合中国人食补的习惯。清炒山药，方法简单，味道清爽，是一款不错的家常小菜。做这道菜要选择脆的菜山药，和炖汤用的山药不同。菜山药吃起来口感比较脆爽，只需清炒，加点木耳和青椒作为颜色点缀，即可大功告成。

材料

山药250克　　　木耳10克
青椒50克

调料

葱末、姜片、盐各5克
香醋10克

做法

1　木耳泡发洗净撕成小朵；山药洗净，去皮切成薄片，入沸水略焯后捞出；青椒洗净，撕成小块。

2　锅置火上，倒油烧热后放葱末、姜片炝锅，开大火，加入山药片快速翻炒几下，加入木耳和青椒块，要不停地翻炒，以防山药的黏液粘锅。

3　加入适量盐、醋翻炒至山药稍变色即可关火。

烹饪小窍门

* 山药切片后如果不马上烹制，需浸泡在盐水中，以防止氧化发黑。

* 新鲜山药切开时会有黏液，极易滑刀伤手，可以先用清水加少许醋洗，这样可减少黏液。

* 山药的黏液中有植物碱成分，易造成皮肤奇痒难忍，可以用清水加少许醋洗，或用加热的方法促使它分解，如用火烤或用稍热的水淋洗。

* 山药切片焯水后再炒，口感会更加爽脆。

营养师叮咛

* 山药是传统的药食两用食材，有补脾养胃、生津润肺、补肾涩精作用，秋冬季节更应多吃山药。

* 山药含有大量黏液蛋白，能有效阻止血脂在血管壁的沉淀，预防心血管疾病。

* 鲜山药和干山药相比，滋阴的效果更好，干山药则更强于健脾。

时间 15min   热量 36kcal/100g

蒜蓉蒸丝瓜

解暑除烦的夏日佳蔬

— 美食札记 —

夏季，把丝瓜用来蒸食，既爽口，也能减少营养流失。丝瓜的口感和营养价值不逊色于其他家常蔬菜，而且易烹饪，熟后依然保持着翠绿的色泽，拿来做蒸菜甚好。扑鼻而来是阵阵的清香，让人不禁胃口大开。

材料

丝瓜500克　　　大蒜10瓣

调料

鸡精、盐、葱头各5克
香油10克

做法

1 丝瓜洗净，削去外皮后切成两三厘米厚的丝瓜段；大蒜拍碎去皮，剁成蒜蓉。

2 锅置火上，放油烧至七成热，倒入蒜蓉、葱头炒香，加适量鸡精和盐炒匀。

3 将炒香的蒜蓉均匀盛放在每个丝瓜段上，放入锅中蒸5~8分钟，出锅后淋少量香油即可。

烹饪小窍门

* 丝瓜段不要切得太短，以免蒸后缩水。
* 蒸的时间不要过长，否则丝瓜会太软，难以直立成型。

营养师叮咛

* 丝瓜里含有槲皮素，其具有降低血压、增强毛细血管弹性、降血脂、扩张冠状动脉、增加冠脉血流量等作用。
* 丝瓜对胃肠燥热、口腔发苦、牙龈肿痛等症状也有很好的改善效果。